혁자
병법

혁자병법

革者兵法

혁신하는 독종만 살아남는다

― 이득우 지음 ―

프롤로그

변곡점(Inflection Point) 시대다. 미래를 어떻게 만들어갈 것인가? 그 어느 때보다 불확실성이 커가는 이 시대에 무엇보다 중요한 건 인적 자본(Human Capital)이다. 불확실성에 대응할 수 있는 건 사람밖에 없기 때문이다.

그러나 쓸 만한 사람이 없단다. 이제 조직은 뜰채를 들어 인력풀에 담근다. '돈이 되는 인재'를 걸러내기 위해서다. 조직은 아무리 어려워도 돈을 만드는 인재를 버리지 않는다. 이런 인재를 나는 혁자(革者)라고 부른다.

이 책은 혁자(革者)로 가는 길을 알려주는 지침서다. 물론 그 길은 남들이 가지 않은 길이다. 그래서 발자국도 없다. 낯설고 거친 풀숲이다. 정주영, 이병철 등 대한민국 혁자(革者) 1세대가 했던 것처럼 없는 길을 만들면서 가는 것이다. 그렇게 깊이 들어간 곳에 당신은 말뚝을 박고 이정표를 달 것이다.

혁자가 되는 일은 판을 키우거나 판을 바꾸는 일이 아니다. 대신 판이라고 믿었던 모든 것을 버리면서 시작한다. 판인지 뭔지 모르지만 없던 걸 만들어내야 한다. 판을 짜는 이가 규범이고 기준이고 표준이 된다. 나만의 플랫폼을 만들어 세상과 한 판 붙는다. 첫눈 내린 길바닥을 처음 밟는 아이처럼 재미있는 일이 펼쳐진다. 남이 닦은 길을 뒤쫓는 건 재미없다. 나는 경찰이기보다 도둑이 되어 앞길을 나아가고 싶다. 몰래 움직이니까 이 길에는 경쟁자가 없다.

새로운 길을 걸어야 할 혁자를 위해 5가지 계책을 제안한다. 이노배이타(異勞倍利打)다.

제1계책은 이(異)다. 다름을 추구하는 법을 알아본다.
제2계책은 노(勞)다. 어떻게 노력을 투입할 건지 살핀다.
제3계책은 배(倍)다. 더 해서 나쁠 건 없다!
제4계책은 이(利)다. 기업의 언어로 말하라!

제5계책은 타(打)다. 나 먼저 파괴하라!

　한 치 앞도 예측할 수 없는 시대다. 태어나서 한 번도 경기가 참 좋다고 말하는 사람을 본 적이 없다. 엄마들은 늘 물가가 너무 비싸다고 말했고, 아빠들은 늘 한숨이었다. 경기는 늘 어려웠다.
　그러나 아무리 어려워도 생존하는 사람이 있다. 그들의 변신 생존법, 혁자병법을 이제 소개한다.

2018년 10월
이득우

목차

프롤로그 _4

제1계책 다름(異)을 추구하라

1. 당신은 얼마짜리인가? _12
2. 생각이 돌아야 몸도 움직인다 _19
3. 액체적 사고(Wet-Ware) _23
4. 다르게 생각하기가 아니라 다른 걸 생각하기 _27
5. 혁신의 골든타임, 바로 지금 _33
6. 성공은 발이 없다 _37
7. No라고 말할 수 있어야 창의적이다 _41
8. 큰 길 버리기 _45
9. 잠자리의 눈으로 세상을 바라보라 _49

제2계책 노력(勞)은 기본이다

1. 유쾌한 이노배이타 _ 58
2. 노력은 늘 성공 앞에 온다 _ 65
3. 수고나 노력이라는 단어는 말이 아니다 _ 69
4. 노력은 복리와 같다 _ 73
5. 시작을 시작하라 _ 78
6. '태도'가 나쁘면 '도태'가 된다 _ 82
7. 15도 경사를 꾸준히 걷듯 _ 85
8. 높이(altitude)가 아니라 태도(attitude)다 _ 88
9. '시속'이 아니라 '지속'이 관건이다 _ 93

제3계책 더 해서(倍) 나쁠 건 없다

1. 당신의 생각을 색7하라 _ 98
2. 무엇을 바꿀 것인가? _ 106
3. 피 냄새를 맡아라 _ 109
4. 잉여인간 시대를 극복하는 법 _ 115
5. '준비'를 외쳐라 _ 120
6. 지는 해는 막을 수 없지만 뜨는 해는 막을 수 있다 _ 124
7. 가공기술을 바꿔라 _ 127
8. 운이 지나가는 그 길에 먼저 가서 기다리는 방법 _ 133
9. 일하는 독종만 살아남는다 _ 138

제4계책 기업의 언어(利)를 익혀라

1. 그 많던 미사리 카페는 다 어디로 갔을까? _ 144
2. 세상에서 가장 소중한 영어 단어 4개 _ 150
3. 생존하려면 지식전문가가 되라 _ 155
4. 기업의 언어를 배워라 _ 159
5. 달인처럼 일하는 방법 _ 164
6. 콘텐츠로 성공하는 두 가지 방법 _ 171
7. 내가 지닌 단점이 혁신의 시작 _ 176
8. 몰라도 할 수 있다 _ 180
9. 당신의 봄을 맞이하라 _ 184

제5계책 나를 먼저 파괴하라(打)

1. 스스로 절박한 궁지에 몰아넣기 _ 192
2. 자발적 동기부여가 필요하다 _ 196
3. 시스템 사고를 하라 _ 205
4. 5천 원짜리 스프링 노트의 힘 _ 208
5. 틈새를 찾는 사고 _ 212
6. 100점 만점을 만드는 태도 _ 217
7. 매듭을 지어야 올라간다 _ 220
8. 혁신의 친구, 메모로지 _ 224
9. '주식회사(主識會思) 나'를 만들어라 _ 230

:: 제1계책 ::

다름(異)을 추구하라

1
당신은 얼마짜리인가?

〈나이아가라 증후군〉이라는 것이 있다. 나이아가라를 만나기 전의 모든 물줄기는 자신의 추락을 예상치 못한다. 바위를 만나기도 하고, 두 물이 만나서 강폭이 넓어지기는 하지만 대개는 물줄기를 따라 흘러갈 뿐이다. 그렇게 무심결에 흘러가던 이 강물은 어느 날 갑자기 물결이 빨라지고 요동치는 소리에 정신을 차린다. 그때서야 코앞에 나이아가라가 있음을 발견한다. 피할 방법이 없다. 남은 건? 폭포 아래로 떨어지기 전에 기절해서 추락의 공포를 피하는 것뿐이다.

뜻하지 않은 폭포가 우리 앞에 기다린다. 속절없이 폭포로 끌려가지 않으려면 지금, 전략을 짜야 한다. 그 전략은 물줄기를 틀 수 있어야 한다.

"과거의 방식을 고집하는 한 발전은 없다. 이것은 자신이 배출한 공기를 다시 마시는 꼴이며, 어느 순간 질식하게 마련이다."

사실 변신을 위한 계기는 만들기 쉽지 않다. 독수리는 난기류를 만나면 방향타를 바꾸는 중에도 날개에 힘을 잔뜩 준다. 전보다 더 큰 힘으로 날개를 저어야 난기류에 휩쓸리지 않고 남미 산맥의 계곡을 유영할 수 있기 때문이다. 바뀐 환경에서 균형을 잡기 위해서는 정상이라고 믿었던 모든 것에 의문을 가져야 한다. 다음과 같이 질문을 던져보자. 자신에게 태클을 걸어보자.

- 나는 왜 사는가?
- 생존을 위한 나의 포트폴리오 전략은 무엇인가?
- 나는 어디에 인생을 걸고 살고 있는가?
- 인생에서 얻고 싶은 것은 진정 무엇인가?
- 정말 내가 되고 싶은 것은 무엇인가?

원초적인 질문 속으로 들어가라. 대답이 궁할지 모른다. 그럼에도 이런 사소하고 창피한 작업이 〈터닝 포인트 잡기〉의 시작이다. 새로 불을 붙일 때는 매캐한 연기를 버티는 시간이 필요하다. 이 불을 못 살리면 혹한기를 견딜 수 없다.

변신을 위한 계기를 마련하기 위해서는 오롯이 당신만을 위한 시간을 가져야 한다. 당신을 부활시킬 인큐베이터가 필요하다. 새로운 나를 만드는 시간이다. 거듭난다는 생각으로 시간을 마련한다. 설렁설렁 때우는 시간이 아니다. 이 시간을 통해 생존력과 경쟁력을 키운다. 나 갱신 작업이다. 지금부터 자기 갱신작업 5단계, 즉 〈I-Renewal 5〉를 차근차근 밟아 보자.

1단계 : 나는 얼마짜리인가, 견적서 내기

이 작업은 당신의 진짜 가치를 달아 보는 일이다. 사태가 어려울수록 밖으로 향하던 시선을 거두어 당신 자신에게 집중해야 한다. 지속적으로 천착해가야 한다. 자신을 방치해서는 안 된다. 이렇게 묻자.

- 과연 내가 하고 싶은 건 무엇인가?
- 나는 누구인가?
- 나의 경쟁력은 무엇인가?
- 나의 몸값은 얼마일까?

- 나의 장단점은 무엇인가?
- 남들은 나를 어떻게 생각할까?

사람은 자신에 대해 관대하기 마련이다. 지금 필요한 건 '객관적인 눈'이다. 그냥 객관으로는 안 된다. 냉정하다 못해 차갑게 자신을 보라. 나는 지금 하는 일의 포로인가, 아니면 프로인가?

2단계 : 껍질을 벗어라, 낡은 의식에 강력한 한 방 먹이기

흔히 혁신을 개선으로 착각하는 경우가 많다. 혁신과 개선은 차원이 다른 게임이다. 혁신에는 자신의 껍질을 벗기는 아픔이 따른다. 찢어짐 같은 아픔이 없다면 그건 혁신이 아니다. 가령 당신이 입고 있는 샐러리맨의 옷을 벗고 '샐러턴트(Salatant, salaryman과 consultant의 합성어로 전문가를 뜻함)'의 옷으로 갈아입어야 한다. 당신이 앉아 있는 온실 안의 일자리가 줄고 있다. 의자가 사라지고 있다. 온실 밖으로 나가려면 채비가 달라야 한다. 온실 밖에는 의자는 없다. 허공을 떠다니는 일거리밖에 없다.

이제 누구든지 전문가란 타이틀 없이는 일거리를 따낼 수 없다. 당신의 낡은 의식에 강력한 테러를 강행하여 당신의 전문가

지수(Expert Quotient)를 상한가까지 끌어올려라.

3단계 : 〈자존심〉을 버리고 〈죽까심〉으로 무장하라

무능한 사람이 살아남을 무대는 없다. 어느 누구도 거역할 수 없는 냉엄한 현실이다. 이 현실을 온전히 받아들이고 그에 맞게 내공을 키우는 방법밖엔 달리 도리가 없다. 그러기 위해서는 〈자존심〉을 버리고 〈죽까심〉을 키워야 한다. 〈죽기 아니면 까무러치기〉로 갈아타야 한다. 서슬 퍼런 칼바람의 구조 조정이 당신을 노린다. 〈죽기 아니면 까무러치기〉란 당신이 세상에 보여줄 수 있는 최후의 정신 자세이자 최후의 보루다. 딱히 돌파구가 보이지 않는다면 막판 뒤집기를 시도해야 하는데 그때 죽기 아니면 까무러치기만 한 게 없다. 자존심은 약발이 먹히질 않는다. 죽까심이다.

4단계 : 속을 다르게 만든다

당신은 특정 분야에 대한 독보적인 지식과 능력이 있는 전문가로 거듭나야 한다. 감성지수(EQ)도 중요하다. 그러나 전문가 지수(Expert Quotient)가 더 절실하다. 그러자면 무엇을 하든지 기초를 탄탄하게 해야 한다. 겉만 번드르르하게 만드는 화장이 필요한 게 아니다. 속에서부터 바뀌어야 한다. 무슨 알이든 겉은 비슷하지만 안에서 나오는 놈이 다르다. 안에서 나오는 놈이 병아리도 되고, 독수리도 된다. 그 속이 달라야 한다. 자신만의 콘텐츠로 생존을 위한 코어 근육을 재무장하라.

5단계 : 엔돌핀을 돌게 하라

어느 마을에 석공 세 명이 돌을 다듬고 있었다. 지나던 나그네가 이 모습을 보고 석공들에게 물었다. "지금 무엇을 하고 계십니까?" 꺼벙한 눈의 석공 A가 대답한다. "보면 모릅니까? 돌을 깨고 있잖아요!" 어깨가 무거워 보이는 석공 B가 대답한다. "우리 큰놈이 이번에 대학에 들어갔는데 그 등록금을 마련하려고 일하고 있죠." 마지막 석공이 땀을 닦으며 대답한다. "저기 교회를 짓는데 성전을 위한 주춧돌을 만들고 있는 중입니다."

이들 중 어떤 석공의 두뇌에서 엔돌핀이 뿜어져 나올까?

당신이 어떤 자세로 일하고 있는지 생각해 보아라. 생존력과 경쟁력은 결국 일에 대한 자세에 달려 있다. 어차피 하는 일이라면 재미있게 해야 한다. 더 이상 일의 포로가 되어 질질 끌려 다녀서는 안 된다. 당신이 일의 중심에 서라! 그래야 세상이 달라 보일 것이다. 일터는 단지 〈일 하는 터〉가 아니라 〈일을 하면서 티〉를 내는, 즉 성과를 내는 곳이다. 지금 있는 곳이 〈일 터〉인지 〈일 티〉인지 스스로 결정하라.

2
생각이 돌아야 몸도 움직인다

난센스 퀴즈다. 명동의 한 골목에 점포 3개가 있었다. 첫 번째 점포에는 '왕창 세일' 간판이, 세 번째 점포에는 '몽땅 세일'이란 간판이 붙어 있었다. 그런데 손님들은 이 둘은 외면하고 두 번째 점포로만 들어갔다. 두 번째 점포 간판에는 무엇이라고 쓰여 있을까? 두 번째 집에는 '입구'라고 적혀 있었다.

강의를 하면서 '생각이 돌아야 몸도 움직인다'라는 이야기를 자주 한다. 경기가 어려울 때마다 우리는 단군 이래 가장 어렵다고 입을 모은다. 필자도 느끼지만 매번 어렵다. 그럴수록 아껴 쓰기 위해 허리띠는 동여매야 한다. 대신 성공 자산이라고 할 수 있는 머리는 활발히 가동되어야 한다. 그런 의미에서 두뇌를 풀어보자는 얘기다.

사람들은 성공도 실패도 모두 팔자라고들 한다. 이게 내 운명이려니 하고 체념해야 한단다. 그러나 성공은 의도적인 도발 행위다. 수동적인 게 아니라 무엇인가 도전해서 얻어내는 것이다. 그래서 어려울수록 머리를 팽팽 돌려야 한다.

머리를 쓰면 많은 것이 달라진다.

진한 향으로 유명한 중국의 명주 마오타이주가 전 세계에 이름을 알리기 전의 일이다. 중국은 프랑스에서 열린 세계주류품평회에 마오타이주를 출품했다. 멋진 병에 담긴 세계 각지의 유명한 술 가운데 마오타이주가 초라하게 자리 잡고 있었다. 누런 호리병에 담긴 낯선 중국산 술을 주목하는 사람은 아무도 없었다.

품평회의 파장이 가까워지자 중국 측은 다급해졌다. 그때 대표단원 한 사람이 번뜩이는 아이디어를 냈다. 그는 진열된 마오타이주 한 병을 일부러 바닥에 떨어뜨렸다. 깨진 마오타이주에서 진하고 독특한 향기가 실내로 퍼졌다. 그제야 각국의 주류 전문가들은 이 독특한 술에 관심을 보이기 시작했다. 술병 깨뜨리기는 오늘날 마오타이주를 세계 3대 명주의 반열에 올린 절박한 쇼였다.

사물이나 환경을 어떻게 볼 것인가. 어렵다고만 생각하지 말고 자신만의 무한 자산보고인 두뇌를 세 바퀴 반쯤 더 돌려보아야 한다. 당신의 두뇌에 기름을 치기 위해 두뇌체조를 한번 해보겠다.

두뇌체조 일!

다음 식에 선 하나를 그어 등식을 성립시켜보자.

18 = 1

이런 문제를 내면 자신만만한 표정으로 '등호(=)'에 한 획을 그어 '18≠1'로 만드는 사람이 꼭 있다. 문제가 이렇게 간단할까? 등호는 건들지 말자.
지금까지 발견된 가장 근사한 답변은 이렇다.
'18=1'에서 '18'의 가운데를 자르듯 선을 긋는다.

$\frac{10}{10} = 1$

제1계책 : 다름(異)을 추구하라

두뇌체조 둘!

난이도가 쉬운 것으로 하나 더 내겠다. 여기 0, 1, 2의 숫자 세 개가 있다. 세 개의 숫자를 전부 사용해서 100을 만들려면 어떻게 해야 할까?

이건 정답률이 높은 문제다. 많은 이들이 자신감을 보이며 이렇게 답한다.

"일단 0과 1을 10으로 만든 뒤 2를 오른쪽 위에 얹어 10의 자승을 만들면 100이 됩니다."

훌륭하다. 그렇게 머리의 긴장을 풀어야 위기 앞에서도 새로운 생각을 할 수 있다.

세계적인 기업 소니의 기획실에는 다음과 같은 캐치프레이즈가 전통적으로 내려오고 있다고 한다.

"Something New, Something Different"

무엇이든지 다르게 생각하고 새롭게 생각하라. 결과가 달라진다. 머리가 나쁘면 몸이 고생한다고 말한다. 어려울수록 몸으로 해결하려 들지 말고 머리를 써야 한다. 이보다 더 느슨할 수 없을 만큼 마음을 내려놓고, 세상을 바라보자.

혁자병법(革著兵法)

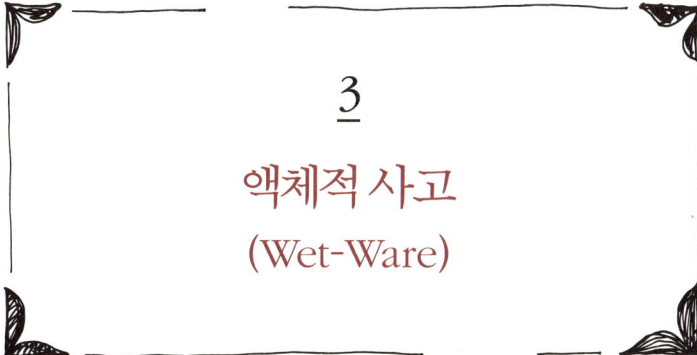

4차 산업혁명시대 생존코드라고 할 수 있는 창의력에는 두 가지 영역이 있다. 하나는 유연성(Flexibility)이고 다른 하나는 유창성(Fluency)이다. 유연성이란 상식을 뛰어넘는 비상한 생각을 창출하는 능력을 말한다. 상식을 벗어난 '엉뚱한 생각'을 생산하는 능력이다. 유창성이란 눈앞의 문제에 대해서 수많은 해결책을 빠르고 거침없이 내놓은 능력을 뜻한다. 유연성은 질적인 것을, 유창성은 양적인 것을 말한다.

그렇다면 창의력 2대 영역인 유연성과 유창성을 키우려면 어떻게 해야 할까? 생각을 가볍게 가져야 한다. 중력이 사라진 공간을 떠올려보자. 기존 관념의 중력장 안에서는 아래에 있는 게 무거운 것, 위에 있는 게 가벼운 것이었다. 그러나 공간이 달라진다. 공기 중에 있던 사물이 무중력 상태, 즉 물속으로 자리를 변경한다. 이제 무게에 대한 관점이 달라진다. 사물이 둥둥 뜨기 시작한다. 생각이 말랑말랑해진다. 액체적 사고가 시작된다.

당신 앞에 종이컵이 하나 있다. 그 컵에 물이 담겨 있다. 컵에 담긴 물은 어떤 모양일까? 종이컵과 똑같은 원통 모양이다. 컵을 기울여 책상 위에 물을 흘려보자. 물은 빈대떡 모양처럼 퍼져나간다. 액체적 사고란 이처럼 상황에 맞춰 마음을 유연하게 바꾸는 것을 말한다.

이어령 박사는 보자기를 예로 들며 액체적 사고가 본래 우리의 전통적 사고였음을 지적한다. 보자기는 서양의 007 가방과는 달리 아주 탁월한 가변성을 갖고 있다. 무엇을 싸든 보자기는 자기를 주장하지 않는다. 자신이 감싸는 물체의 모양을 따라 보따리 모양은 달라진다. 가령 네모난 물건을 쌀 때는 네모가 되고, 옷감을 쌀 때는 둥그스름한 모양이 된다. 심지어 병을 싸면 길쭉해지고, 그릇을 싸면 밑은 그릇 모양이 된다. 스스로 고집하는 모양이 없으니 살아 있는 닭도 쌀 수 있다. 쓰지 않을 땐 포개서 주머니에 넣고 다닐 수도 있다. 물건이 어떤 형태이건 전혀 문제가 되질 않는다. 반면 007 가방은 어떤가? 각진 가방 규격 때문에 넣을 수 없는 물건이 얼마나 많은가.

물론 용도는 다르다. 그러나 우리는 이 두 가지 도구의 차이를 통해 유연한 사고의 특징을 이해할 수 있다.

기왕 우리 것을 자랑한 김에 하나 더 가져와 보자. 병풍도 놀랍도록 유연한 사고적 특징을 갖고 있다. 병풍은 서양의 칸막이와 노는 스펙트럼이 다르다. 일단 신축성이 매우 뛰어나서 주어진 여건에 따라 하나의 공간을 자유자재로 나눈다. 다양한 공간을 새롭게 연출한다. 이뿐 아니다. 병풍에 새겨진 문양을 한 조각 한 조각 떼어내어도 독립된 모습을 연출한다. 펼쳐놓으면 전체가 하나의 조화를 이룬다. 다채로운 예술 공간을 창출하는 데 병풍만큼 뛰어난 유연성을 발휘하는 도구가 있을까.

현상에 얽매이지 않고 유연한 사고를 하려면 무엇보다 창조적 도발이 필요하다. 가능하다면 탈을 많이 내라. 얌전히 순응하며 살지 말고 말썽을 부려보라. 〈미운 우리 새끼〉라는 예능 프로에도 탈 많고 말썽 많은 인물이 등장한다. 김건모다. 그는 늘 엉뚱하고 엽기적인 행태로 시청자의 시선을 사로잡는다. 그는 말수는 많지 않지만 하고 있는 일 자체가 즐거움을 준다. 드론으로 낚시하던 순간을 보며 나는 그가 액체적 사고의 소유자임을 깨달았다.

물론 사고 치라고 말하고 싶은 건 아니다. 핵심은 '탈'에 있다.

예전의 헤게모니, 과거의 성공방정식, 어제의 중력장에서 벗어나서 제로베이스로 돌아가 생각하라는 이야기다. 처음부터 다시 생각한다는 게 절대 쉬운 일은 아니다. 원점에서 다시 생각해 보는 게 말처럼 되질 않는다. 그래야 해야 한다. 그것밖에 답이 없다.

3가지 방법을 조언한다. 탈파리(脫破離)다.

탈(脫) : 현상에서 벗어나서!
파(破) : 주어진 조건이나 여건을 깨고!
리(離) : 기존 방식에서 떨어져서 본다!

뒤집어 생각하기는 나의 강의 소재 가운데 하나다. 예컨대 '태도'를 바꿔 '도태'로, '자살'을 바꿔 '살자'를 만든다. '역경'은 '경력'이 되고, '문전박대'는 '대박전문'이 된다. 이런 말장난 아닌 말장난은 우리에게 생각의 전도, 사고의 전환을 요구하는 것이다. 똑같이 풀을 먹었는데 뱀은 독을 생산하고 젖소는 우유를 생산한다. 이런 차이를 만들기 위해서는 '점잖지 못하다, 낯설다, 애들 같은 장난이다'라는 생각을 버리고 한 번쯤 유쾌하게 '탈파리'해야 한다. 그렇게 사고의 역전이 가능해지면 길을 가다 만난 돌도 의미가 달라진다. 과거의 나에겐 걸림돌이었지만 지금은 디딤돌이 된다.

4
다르게 생각하기가 아니라 다른 걸 생각하기

스티브 잡스가 하루는 빌 게이츠에게 따졌다.

"빌, 당신을 믿었는데 어떻게 우리 것을 도둑질할 수 있나!"

이에 빌 게이츠가 이렇게 되받아쳤다.

"이보게 스티브, 우리에겐 제록스라는 부유한 이웃이 있지. 그리고 그 이웃은 친절하게도 훔쳐가도 좋다는 듯 대문을 활짝 열어 놓았지. 그래서 나는 텔레비전을 훔치기 위해 그 집에 침입했어. 하지만 나는 곧 알게 되었지. 내가 훔치려고 했던 텔레비전을 나보다 앞서 스티브 자네가 훔쳐갔다는 사실을 말일세."

오늘날 우리가 쓰는 컴퓨터의 그래픽 인터페이스의 창시자는 누구일까? 마우스를 움직이면 화살표가 따라 움직이고, 클릭하면 화면이 바뀌고, 커서가 깜빡이는 이 놀라운 화면의 창시자는 제록스였다. 스티브 잡스와 빌 게이츠는 제록스를 모방했다. 그러나 단지 베꼈다면 그건 도둑일 테고, 빌 게이츠는 모방에서 그치지 않고 창조까지 나아가서 세상을 바꾸었다.

중앙일보 김현기 기자는 안경수 회장의 이야기를 인용하며 '창조'에 대해 의미심장한 글을 썼다.

> 한국 기업(삼성·대우)과 일본 기업(소니·후지쓰)에서 두루 임원을 지낸 안경수 노루페인트 회장은 애플 창업자 스티브 잡스의 말로 답을 대신했다. "'Think different'라고 한 스티브 잡스의 말을 한국에선 'Think differently'로 잘못 해석하고 있는 것 같아요."
> '다른 걸 생각하기'와 '다르게 생각하기'는 비슷한 것 같지만 엄밀히 보면 크게 다르다. 후자는 '차별화'의 범주에 머무른다. 반면 스티브 잡스가 말한 전자는 그걸 뛰어넘어 '창조성'의 영역으로 들어간다. 하늘과 땅 차이다. 한마디로 '다르게 생각하는 걸'로 그쳐선 안 되며 '다른 걸 생각'해 새로운 가치를 만들어내야 진짜 창조경제란 얘기다.
>
> _ 중앙일보 발췌

다른 것을 생각한다는 말은, '엉뚱하고 괴팍하고 바보 같은 것을 생각해 본다'는 뜻이다. 그러자면 〈PDA〉라는 습관이 필요하다. 즉 긍정적으로(Positive) 보고, 다르게(Different) 보고, 뒤집어(Another) 보는 습관이다.

첫째 습관, 긍정적으로(Positive) 보기

테리 폭스라는 사람이 있었다. 그는 암 때문에 다리 하나를 잃었다. 그런 그가 의족을 달고 5개월 동안 마라톤을 한 끝에 5,400킬로미터를 달렸다. 다리 하나를 잃은 것은 절망에 빠지고도 남을 이유가 되었지만 그에게는 새로운 도전의 동기가 되었다. 그는 암 연구를 위해 100만 달러를 모금하겠다는 목표를 세웠다. 그리고 최종적으로 그가 모금한 금액은 2,400만 달러에 달했다.

목표를 갖고 있는 사람, 존경받는 사람들의 인생을 보면 그들에게는 세상을 바꾸려는 어떤 DNA가 있다. 바로 긍정적인 태도다.

둘째 습관, 다르게(Different) 보기

　철혈재상 비스마르크가 하루는 친구와 사냥을 나갔다. 친구가 그만 발을 헛디뎌 늪에 빠졌다. 비스마르크는 총신을 내밀어 친구를 구하려고 했으나 거리가 너무 멀었다. 설상가상으로 친구는 살려고 발버둥 칠 때마다 점점 늪 속으로 잠겼다. 위기 상황이었다. 만약 당신이라면 어떻게 하겠는가? 과연 비스마르크는 어떻게 했을까?

　비스마르크는 총알을 장전해 친구에게 총을 겨누었다. 빠져 죽을 바엔 차라리 총으로 쏴서 죽이자! 아마 친구는 그런 생각을 했는지 모른다. 총구가 자신을 향하자 친구는 이리저리 안간힘을 다해 몸을 움직였고, 그렇게 살겠다고 발악을 한 끝에 늪 가장자리까지 빠져 나왔다. 늪에서 빠져 나온 친구는 화가 났다. 왜 나에게 총을 겨누었지? 나를 죽이려던 거야? 그러자 비스마르크가 이렇게 말했다. "난 자네에게 총을 겨눈 게 아니네. 바로 좌절하고 체념하는 자네의 나약함에 총을 겨눈 거라네."

셋째 습관, 뒤집어(Another) 보기

다음 그림을 보자. 이 그림은 일본항공 JAL의 마크다. 그런데 사람들은 대개 이 그림을 물음표나 불꽃으로 인식한다. 그런데 본래는 그런 뜻으로 만든 게 아니었다. 물개가 공놀이하고 있는 것을 형상화한 것이다. 잘 모르겠다고? 그림을 뒤집어 보자.

아리스토텔레스는 "모방은 창조의 어머니이고 하늘 아래 새로운 것이 없다."라고 말했다. 인간은 결코 무에서 유를 만들어 낼 수 없다는 말이다. 대개 사람들은 무엇인가 새로운 것을 가져와 보라고 하면 두려워한다. 그러나 모방, 훔치기, 따라하기라는 무기가 우리에게 있다. 당장 모방부터 해보자. 모방 없이 창조는 없다. 창조는 모방을 먹고 자란다.

"새는 알을 까고 나온다. 알은 곧 세계다. 다시 태어나려는 자는 하나의 세계를 파괴하지 않으면 안 된다(헤르만 헤세 〈데미안〉 중에서)." 새롭고 혁신적이고 창조적인 아이디어는 거저 얻어지는 게 아니다. 낡은 관행과 사고방식이라는 알껍데기를 깨는 고통을 동반한다. 헤세가 썼듯이 새롭게 태어나려는 자는 기존 세계를 파괴해야 하기 때문이다. 기존 세계의 파괴는 〈도발〉에서 시작된다. 정상(Normality)이라고 여겨지는 기존 관행과 사고방식에 대한 도발이다.

_ 매일 경제 김인수 기자 혁신 이야기 중에서

5
혁신의 골든타임, 바로 지금

 생사를 오가는 환자의 목숨을 다루는 시간을 골든타임이라 한다. 교통사고 환자의 경우 1시간, 심근경색 90분, 뇌졸중 3시간이다. 그 시간 안에 제대로 된 의료처치를 하지 않으면 생명이 위태롭다. 절대 놓칠 수 없는 시간이다.

 사냥꾼에게 잡힌 사향노루가 있었다. 노루는 자신의 배꼽 향내 때문에 자신이 포획됐다고 생각했다. 그래서 스스로 자신의 배꼽을 씹어서 제거하려 했다. 그러나 이미 잡힌 뒤라서 때를 놓쳐 죽을 수밖에 없었다. 서제막급(噬臍莫及)이란 고사성어에 얽힌 이야기다. 그 어떤 시도도 골든타임을 놓치면 소용이 없다.

강의장에서 종종 던지는 질문이 있다.

"지금까지 살아오면서 가장 즐거웠던 때, 행복했던 순간은 언제입니까?"

90% 넘는 사람들이 유년기나 학창시절을 꼽는다. 어릴 적 친구들과 소꿉장난 치던 때나 중고등학교 시절을 가장 행복하게 추억한다. 현재가 즐겁다고 말하는 사람은 매우 드물다.

모 드라마 대사 중에 이런 말이 나온다.

"우리에게 매일 매일 똑같아 보이는 날들을 특별하고 의미 있게 만들어 가는 거 그게 인생이다."

이미 지나버린 시간이 아니라 지금 이 순간을 '씹을 서(噬)'와 '배꼽 제(臍)'의 노력으로 살아간다면 어떻겠는가? 우리 인생에 가장 소중한 날은 지금이다. 그 골든타임을 놓치면 우리를 기다리는 건 사향노루의 죽음뿐이다. 혁신도 마찬가지.

> 백조가 우아하게 물 위에 떠 있을 수 있는 것은 물속에서 끊임없이 치열하게 발로 물질을 하고 있기 때문이다. 모든 것이 빠르게 변화하는 시대, 개인이나 기업 역시 현상 유지만 하려 해도 백조처럼 가열하게 발버둥을 쳐야 한다. 자칫 잠시 딴생각을 하는 사이 전혀 생각지도 않았던 방향으로 떠밀리고 도태되기 쉬운 시기기 때문이다.
>
> _ 동아일보 발췌

혁신이란 '어제와 다르게 생각하고 다르게 일하는 것'을 말한다. 이 때문에 영어 'Innovation'의 'nova'는 라틴어로 '새롭다'라는 뜻을 갖고 있다. 한편 혁신이란 단어를 한자로 쓰면 '革新'이 되는데 "갓 벗겨진 가죽(皮)을 두무질해서 새로운 가죽(革)을 만드는 일"이란다. 어제 쌓인 먼지의 더께를 털어내지 못하면 모든 것은 낡은 시간 속으로 사라진다. 혁신에는 지금 이 순간도 피부를 벗겨내는 아픔이 존재한다는 말이다. 아마 그 때문에 오늘을 행복으로 여기지 못하는 건 아닐까 싶기도 하다. 그러나 때 밀 때는 아프던 피부가 개운함으로 이어지기도 한다.

미치지 않고 산다는 것. 정상 범위에서 산다는 것이 때론 내 스스로의 창조성과 변화의 쾌락을 옭아매는 올가미가 되기 쉽다. 많은 사람들은 '평탄하게 살고 싶어요'라고 말한다. 그러나 인생은 그 본질 자체가 평탄하지 않다. 엄청난 파도와 같이 속도 변화와 고저가 존재하는 변화의 연속이다. 이 파도를 잠재울 수 있는 개인은 없다. 잠재울 수 없다면 이 파도를 즐기는 게 어떨까. 가끔은 평탄함에 대한 강박에서 벗어나 마음껏 미쳐 세상의 굴곡을 느껴보자. 거기서 창조적 쾌감을 만날 수 있다.

_ 중앙일보 발췌

창조는 그러므로 지금 이 순간의 고통과 쾌감을 동시에 지니고 있다. 당신이 어떤 점에 포커스를 두던 결과는 달라지지 않는다.

메뚜기가 길 가던 하루살이를 폭행했다. 그러자 하루살이가 친구 수십만 대군을 이끌고 메뚜기에게 복수하기로 했다. 하루살이는 메뚜기를 포위하고 마지막 소원이 있으면 말하라고 했다. 그러자 메뚜기 왈 "내일 싸우면 안 될까?"라고 했다. 하루살이에게는 내일이 없고 오늘만 있다. 대개 변화를 도모하자고 하면 바로 하지 않고 다음부터 하자고 한다. 변화에도 골든타임이 있다. 골든타임은 변화와 혁신을 위한 지금 이 순간이다.

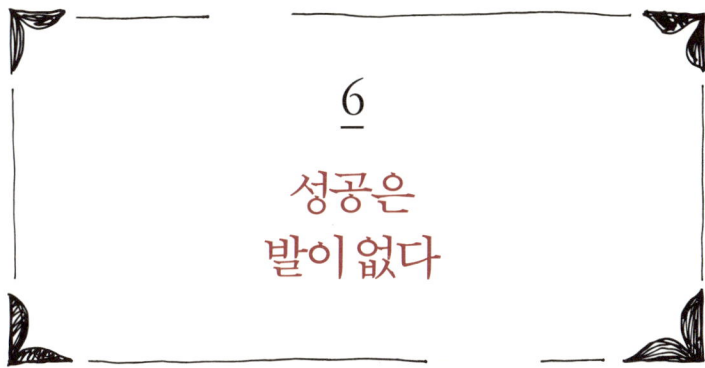

6
성공은 발이 없다

 아이들에게 자전거 타기를 가르쳤다. 둘 다 처음엔 넘어질까 봐 선뜻 엉덩이를 걸치지 못했다. 그런데 선뜻 도전에 나선 것은 둘째다. 겁도 없이 자전거에 오른다. 웬걸, 바로 넘어져 상처를 입었다. 그래도 타겠단다. 몇 번의 시도 끝에 휘청거리면서도 페달을 밟으며 나아간다. 조심성 많은 첫째는 달랐다. 둘째의 넘어지는 모습을 보더니 꽁무니를 뺀다. 실패에 대한 두려움, 다칠지 모른다는 염려가 첫째의 머리를 장악했기 때문이다.

 에디슨이 백열전구 필라멘트를 발명할 때다. 그의 조수가 90차례에 걸쳐 새로운 재료로 실험을 했으나 모조리 실패했다. 조수는 그간의 과정을 설명하며 필라멘트 발명은 불가능하다고 보고했다. 그러나 에디슨은 실패가 아니라고 지적했다. 대신 우리는 필라멘트 재료로 적합하지 않는 90가지 물질을 알아냈으며, 그래서 성공적인 실험이었다고 말했다.

스티브 잡스는 자신이 세운 애플에서 쫓겨났다. 내 손으로 세운 회사에서 내가 쫓겨난다는 건 정말 수치스런 일이다. 그러나 잡스는 수모를 견디고 다시 회사를 설립했다. 훗날 이 일들을 추억하며 잡스는 이렇게 말했다.

"당시에 도움이 안 되어 보이는 경험일지라도, 어느 순간 이런 인생의 점들이 연결되어 하나의 멋진 그림을 완성할 것이다. 실패는 언제나 결과가 아니라 과정일 뿐이다."

홈런왕 베이브 루스는 선수시절 통산 700개가 넘는 홈런을 쳤다. 1927년에 무려 60개의 홈런을 쳐서 대기록을 세웠다. 12번이나 홈런왕에 올랐다. 동시에 5차례나 삼진왕을 먹었다. 오늘날 아무도 베이브 루스를 삼진왕으로 기억하는 사람은 없다. 대신 그의 홈런 기록만을 기억할 뿐이다. 그가 말했다.

"삼진은 홈런을 치기 위한 과정일 뿐이다."

설기문마음연구소 소장 설기문은 '너에게 성공을 보낸다'에서 이렇게 말했다.

"단 한 번의 실패로 삶의 나락으로 떨어지는 경우는 잘 없습니다. '완전한 실패'란 거의 없다고 해도 좋을 것입니다. 숨이 붙어 있고 희망을 버리지 않는 한 기회는 다시금 찾아옵니다. 그럼에도 불구하고 삶이 실패로 끝나는 경우가 있습니다. 바로 실패가 두려워 더 이상 '실패하기'를 멈추었을 때입니다."

인생에서 가장 큰 실패는 시도하지 않는 것이다.

가끔 이런 이야기를 한다. "실패도 성공하면 자산이 된다." 필자는 이런 이들에게 닉네임을 붙여주는데 바로 〈그불당성〉이다. '그럼에도 불구하고 당당하게 성공한다'는 뜻이다. 성공을 향해 정진하는 당신의 인생은 '굳은살'의 두께가 어느 정도인가? 한 번의 실패쯤 덤덤하게 넘어갈 만큼 굳은살은 두꺼운가? 그러나 묘하게도 실패해야 굳은살은 두꺼워진다. 얄팍하면 좀 더 두께를 키워가라. 성공의 살이 굳어지면 인생은 '굿(Good)어지기' 마련이다.

미국의 한 기관이 조사한 연구 결과에 따르면 사람들은 자신이 읽는 것의 10%를, 자신이 들은 것의 20%를, 자신이 본 것의 30%를, 자신이 보고 들은 것의 50%를, 자신이 말한 것의 70%를 그리고 자신이 말하고 실행에 옮긴 것의 90%를 잊지 않는다고 한다. 만일 나라는 사람이 기억의 총합이라면 실패만큼 나를 증명할 수 있는 것, 나아가 실패를 딛고 도달한 성공만큼 나의 정체성을 설명할 수 있는 게 무엇인가.

유럽에서 막대한 부를 거머쥔 로스차일드가문이 미국에 진출하려고 할 때 일이다. 어느 날 최고경영자가 한 부하 직원을 불러 다음과 같이 물어보았다. "우리 회사가 미국에 지점을 낼 생각인데 떠나기 전 준비기간이 얼마나 필요하겠는가?" 부하 직원은 심각한 얼굴로 생각에 잠기더니 '10일 정도 걸릴 것 같습니다.'라고 대답했다. 이 최고경영자는 또 다른 부하직원을 불러 똑같은 질문을 던졌다. 이 부하직원은 '저는 3일이면 되겠습니다.'라고 대답했다. 뭔가 탐탁지 않은 이 최고경영자는 마지막으로 부하직원을 한 명 더 불러 같은 질문을 했다. 세 번째 부하직원은 어떻게 대답을 했을까?

세 번째 직원은 '지금 곧 떠나겠습니다.'라고 말했다. 그러자 최고 경영자가 엄지를 척 들었다.

"좋아, 자네가 오늘부터 샌프란시스코 지점장일세. 내일 당장 배를 타고 떠나게."

이 세 번째 부하직원이 샌프란시스코 최대 갑부가 된 줄리어스 메이다. 1주일 중에는 먼데이, 썬데이, 튜스데이는 있지만 '썸데이(Someday)'는 없다.

성공에게는 발이 없다. 성공이 당신에게 먼저 다가와 키스하는 법은 없다. 그러니까 당신이 다가가야 한다.

7
No라고 말할 수 있어야 창의적이다

원하지 않는 일을 덥석 했다가 후회할 때가 있다. 직장 또는 친목모임 술자리가 그중 하나다. 술자리가 끝날 때 즈음 '딱 한잔만 더' 하며 분위기를 몰고 가는 사람이 나타난다. 'No'라고 말하고 싶지만 부담스럽다. 누가 선뜻 나서서 속 시원히 안 된다고 말해주기를 바라지만 분위기를 깨기는 두렵다. 암묵적 동의가 이루어지고 서로 눈치만 보다가 도살장 소걸음으로 2차 술집을 향한다.

왜, 원하지도 않으면서 아무도 'No!'라고 말하지 않는 걸까?

한 교수가 처가를 방문했다. 장인이 애빌린(Abilene) 시외에 가서 외식하자고 했다. 가족 모두 내키지 않았지만 딱히 반대 의사를 내비치는 사람은 없었다. 무더운 여름, 가는 길은 멀고 지루했다. 애빌린 식당 스테이크 역시 그저 그랬다. 지쳐서 다시 집에 돌아오니 어두컴컴한 밤이었다. 장모는 집에 있고 싶었는데 애빌린에 가자고 난리를 치는 바람에 어쩔 수 없이 따라 나섰다고 투덜거렸다. 별로 하고 싶지 않았던 일이었으나 딱히 거절할 용기가 없어서 하루를 살아가는 것, 우리 일상은 애빌린 패러독스(Abilene Paradox)가 지배한다.

1961년 미국은 쿠바 남쪽해안의 피그(pig)만을 공격했다. 이 사건은 처음부터 실패가 예견됐다. 하지만 이상하게도 케네디 대통령을 비롯하여 국방장관, CIA, 백악관 참모들 가운데 반대 의견을 제출한 사람이 한 명도 없었다. 아직도 역사에 회자되는 이 사건은, 그러므로 반대하는 사람이 한 명도 없는 일은 추진해서는 안 된다는 경험적 진리를 우리에게 일깨운다. 반대의 뜻이 없는 게 아니라 반대에 대한 두려움이 있다는 뜻이기 때문이다.

조직에서도 이런 일이 비일비재하다. 중대한 결정을 앞두고 의사결정자들은 정확한 판단보다는 타인의 의견에 신경을 쓴다. 상황 판단보다 관계망이 더 중요하게 작용한다. 그래서 어떤 일이 일어나는가 하면 집단의 동질감을 부각시켜 소수의 반대의견을 묵살한다. 뭔가 단단히 잘못 가고 있는 징조다.

우리는 'No'라고 말할 수 있어야 한다. 비판 없는 합의보다는 다양한 의견을 개진할 때 조직이 건강해진다.

나는 'No'가 여유로운 분위기와 서로에 대한 존중에서 나온다고 생각한다. 내가 거절하는 것은 '너'가 아니라 '네가 제시한 생각'일 뿐이다. 그래서 '안 된다'고 말해도 분위기를 깨뜨리지 않는다. '안 된다'가 가능해지면 이제 '창의력'도 가능해진다.

오래전 일이다. 브랜드 전문기업인 M사는 특이한 조직문화로 정평이 나 있었다. 매주 월요일엔 영화 감상으로 한 주의 업무를 시작한다. 그래서 전 직원이 영화관으로 출근한다. 출근 시간은 오전 10시 30분경. 영화 관람을 마친 후 근처 식당에서 점심식사를 들면서 영화에 대한 평을 주고받는다. 본격 업무는 오후 2시경부터 시작된다. 이 회사의 평일 출근 시간도 러시아워를 피한 오전 10시다. 또한 '깜짝 야유회'도 있다. 날씨가 너무 좋아 일손이 잡히지 않은 날에는 전 직원이 하던 일을 접고 인근 공원이나 대학교 캠퍼스로 소풍을 간다. 이밖에 이 회사 직원은 매일 한 시간씩 '지식타임'을 쓸 수 있다. 전화도 일절 받지 않고 책을 읽거나 외출을 할 수 있는 시간이다.

이 회사가 별난 경영을 도입한 가장 큰 이유는 구성원의 창의력이 이 회사의 먹고살 거리였기 때문이다. 마음이 즐겁고 여유로워야 창조적 사고가 나온다는 믿음 때문이다. 그렇다고 마냥

휴식 같은 일상이 이어지는 건 아니다. 매주 수요일이면 어김없이 스터디 모임을 갖고 한 주 동안 조별로 맡았던 과제를 발표한다. 이땐 과제 해결을 위해 밤을 새우기도 한다.

주식회사 미국을 선도하는 초일류 기업들은 공통적으로 이런 점을 갖고 있다.

종업원을 존중한다 / 고객을 존중한다 / 결과보다 과정을 중시한다 / 끝없이 혁신을 추구한다 / 남의 것을 배우되 닮지 않는다

울창한 숲일수록 다양한 동물과 식물이 살아 숨 쉰다. 그곳에서 창의적 진화가 이루어진다. 가을철 단풍도 알록달록하므로 아름답다. 기업이 젊다는 건 나이를 의미하는 게 아니다. 저마다의 색깔이 잘 어울린다는 뜻이다. 구성원 각자가 자신의 색깔을 갖고 살아가는 조직에는 늘 에너지가 넘친다. 당신이 조직을 사랑한다면 거수기를 버리고 가끔은 돈키호테가 되어야 한다. 그때부터 당신이 내뱉는 '아니오'는 남다름을 추구하는 창의력의 다른 이름이 된다.

8
큰 길 버리기

"하얀 도화지 위에 그림을 그리면 내 그림이요, 황무지에 말뚝을 박으면 내 땅이다."

우리나라 근대화를 앞당기고 전례 없는 부강한 나라로 만드는 데는 기업인들의 이런 사고가 큰 몫을 했다. 그들은 남이 간 길을 따라 간 것이 아니라 길을 만들어간 이들이다. 이런 사람을 '창조적 파괴자'라고 부른다. 창조적 파괴자는 1등을 추구하는 게 아니라 이 세상 최초, 즉 1호를 추구하는 이들이다. 선점 효과를 톡톡히 보는 셈이다.

얼마 전 필자 후배가 이런 이야기를 했다.

"선배님, 이 세상에서 좀 색다른 짓으로 뭔가를 시도하는 사람들은 다 미국 사람 같습니다. 그리고 이들은 다들 부자입니다."

한번은 들어보았을 것이다. 퍼스트 무버와 패스트 팔로워. 이 세상에 창조적 파괴자, 즉 1호를 추구하는 이들을 퍼스트 무버라고 한다. 이들은 맨 먼저 했기 때문에 말뚝을 박으면 되고 그림을 그리면 된다. 이들에겐 경쟁자가 없기 때문에 벌여놓은 판을 혼자 차지한다.

한 전문가 이야기다. 그는 가끔 고3 자녀를 둔 부모들로부터 자녀 직업진로에 대한 자문 요청을 받는다고 한다. 그때마다 이렇게 말한다.

"직장인을 만들지 말고 직업인을 만드세요. 그리고 의치한은 제발 하지 마세요. 대신 문사철에 들이대세요."

그 전문가가 이때 꼭 부탁하는 게 있다. 그게 바로 아이들은 1등 만들지 말고 1호가 되도록 도와달라는 호소다. 사실 1등이 아니라 1호가 되려면 상식을 파괴하고 나아가 노멀을 깨고 뉴 노멀을 추구해야 한다. 그런데 부모 입장에서 이런 자세를 취하는 건 참 어려운 일이다. 그래서 자식을 평범한 직장인으로 만들고 자녀들 역시 부모가 간 길을 답습한다.

요즘처럼 치열하고 급변하는 사회에선 기존의 성공 방정식을 적용해서는 안 된다. 이럴 땐 나만의 북극성을 만들어 성큼성큼

걸어가야 한다. 직업은 상관없다. 먼저 가느냐, 남이 간 길을 따라 가느냐만이 유일한 차이다. 지금 뭔가를 해야 할지 모르고 무엇을 해야 할지 모르는 결정장애를 겪고 있다면 '1호 되기'라는 간단한 성공방정식을 구축하라!

　이 세상과 싸우지 말자. 싸워야 할 대상은 당신이다. 1호에 도전장을 내밀어라. 나중은 없다. 지금 들이대야 무조건 1호가 된다. 세상에는 블루 오션이 존재한다. 때로는 1등보다 1호가 성공하기 참 쉽다.

　손깍지를 끼워보라고 시키면 어떤 사람은 오른손 엄지손가락이 왼손 엄지손가락 위로 올라가고 어떤 사람은 반대다. 이 버릇은 평생 똑같다. 익숙하니까 시킬 때마다 손가락 위치는 동일하다.

　그렇다면 이번엔 손을 풀어서 거꾸로 해보자. 왼손 엄지가 위였으면 아래로, 오른손 엄지가 위였으면 아래로 바꾼다. 의도적으로 바꿔 본다. 어떤가? 당연히 낯설다. 사람들은 어색한 것을 싫어한다. 늘 하던 방식을 고수한다.

　2007년 8월 발사된 우주왕복선 엔데버호에 쓰인 추진 로켓의 너비는 4피트 8.5인치(143.51cm)였다. 사실 기술자들은 추진 로켓을 좀 더 크게 만들고 싶었다. 하지만 그럴 수가 없었다. 열차 선로 폭이 문제였다. 로켓은 기차로 운송하는데 중간에 터널을

통과하려면 너비를 줄여야 했다. 그럼 열차 선로의 너비는 어떻게 정해졌을까? 19세기 초 영국은 석탄 운반용 마차 선로를 지면에 깔아 첫 열차 선로를 만들었다.

이렇게 역추적을 해보면 우리는 우주왕복선의 추진 로켓 너비가 2천 년 전에 이미 예고되었음을 알게 된다. 영국 마차 선로 폭은 2천 년 전 로마의 거리를 달리던 말 두 마리가 이끄는 전차 폭에 맞춰졌다. 우주를 꿈꾸는 이 시대에, 우리는 과거의 익숙한 것을 답습하고 있다.

그러니까 바로 '하던 대로', '평소대로', '있던 대로' 한다는 이야기다. 필자는 이것을 '3대로'라고 부른다. '3대로'는 변화와 혁신을 가로막는 공공의 적이다. 혁신은 무엇보다 이 '3대로'를 버리는 데서 시작된다.

2
잠자리의 눈으로 세상을 바라보라

 토요일 아침 어느 목사가 주일 설교를 준비하고 있었다. 마침 아내는 시장에 가고 없었다. 어린 아들은 마땅히 할 일이 없어 짜증을 내며 놀아 달라고 목사를 귀찮게 굴고 있었다. 목사는 어떤 잡지에서 자료를 찾으려고 책장을 부지런히 넘기다가 마침 큰 그림을 발견했다. 그 페이지에는 세계지도가 그려져 있었다. 궁리 끝에 목사는 그것을 조각조각 찢어 마루에 깔아놓으며 아들에게 말했다. "철수야, 아빠가 조각조각 찢어 놓은 이 그림을 원래대로 맞추면 용돈을 줄게."

 목사는 아들이 이 그림을 맞추려면 하루도 모자랄 것이라고 생각하며 다시 설교 준비에 들어갔다. 그런데 아들은 15분도 지나지 않아서 다 맞추었다며 목사를 불렀다. 목사는 아들이 종잇조각을 맞춘 것을 보고 놀라지 않을 수 없었다. 목사가 어떻게 했는지 물었다. 그러자 아들이 대답했다.

"아빠, 너무 쉬어요. 뒷면에 한 사람의 그림이 있어요. 그래서 종이를 뒤집고 지도 대신 사람을 맞췄어요."

지도를 맞추라고 하면 지도를 맞추는 사람이 100명 중 99명이다. 그러나 간혹 철수같이 사물을 다르게 보는 이들이 있다.

창의력 대장들은 다소 엉뚱할 정도로 사물을 달리 해석한다. 특히 이들은 익숙한 일상의 물건조차 나름의 관점을 적용해 사물을 바라본다.

그러면 창의적인 눈은 어떤 눈일까?

- 남들과 다르게 보는 눈
- 남들이 보지 못하는 것을 보는 눈
- 긍정적으로 보는 눈

이밖에도 찾아보면 많겠다. 그러나 방법은 유사하다. 이들도 처음부터 창의성을 발휘한 것은 아니다. 다각적 시선을 적용하다 보니 습관이 된 것이다. 가령 재떨이가 눈앞에 있다. 이걸 그냥 재떨이라는 사물로만 보는 게 아니라 눈높이를 달리 해 본다. 예컨대 애연가의 눈으로 보고, 소방대원의 눈, 청소하는 아주머니의 눈으로 보면 의미망이 달라진다. 재떨이와 얽힌 다양한 '관계망'을 생각해 보고 그에 따라 각도를 바꾸어 보는 습관이 창의성의 시작이다.

그러면 이제 당신은 잠자리의 눈을 갖게 된다. 마치 앞모습과 옆모습, 뒷모습을 함께 보는 입체파 화가처럼 여러 의미망이 사물을 교차하고 있음을 알게 된다. 창의적인 눈은 눈 자체의 힘을 의미하는 게 아니다. 내가 가진 다양한 경험과 지식의 관점을 적용해 보는 과정이다.

당신의 창의성을 잠시 시험해 본다. 연습문제다.

테스트 하나!

다음 그림은 무엇일까?

그림1. 〈성공하는 사람들의 7가지 습관〉에서 발췌

해답_머리에 깃털을 쓰고 있는 커다란 코의 아메리칸 인디언인가? 필자가 강의할 때 참가자에게 이 그림을 보여주었다. 40명 가운데 한 사람이 인디언이 아닌 에스키모인이 숨어있는 것을 찾아냈다. 당신의 창의적인 눈으로 숨어 있는 사람을 발견하라. 그는 손에 창을 들고 있고, 머리에는 두꺼운 모자를 쓰고 있다. 참, 에스키모인의 뒷모습이다. 아래 그림처럼 약간 달라지면 조금 더 찾기 편할 것 같다.

그림2. 〈성공하는 사람들의 7가지 습관〉에서 발췌

테스트 둘!

그림에 있는 정사각형은 몇 개일까?

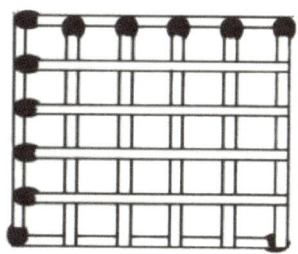

해답_ 보통 사람들은 27개, 30개 정도 찾아낸다. 이 그림에는 55개의 정사각형이 있다.

테스트 셋!

아래 그림은 무엇을 의미하는 것인가?

해답_ 빈 부분에 주목해 보자. 영문 'COME'이 보일 것이다.

글로벌 컨설팅회사인 맥킨지에 따르면 4차 산업혁명 시대에는 전 세계 800여 개 직업이 수행하는 2000여 개의 활동 가운데 절반이 자동화된다고 한다. 근로자의 86%는 그동안 했던 업무의

20% 이상을 할 필요가 없다.

　일하는 시간이 줄어들면 다행이겠지만 그게 아니다. 다른 일을 해야 한다는 뜻이다. AI나 로봇이 못하는 어떤 일을 해야 한다. 앞으로 우리가 어떤 일을 해야 하는지는 아직 정해진 것은 없으나 확실한 건 있다. 바뀌어야 한다는 사실이다. 남이 할 수 없는 일이란 단지 다른 사람이 못하는 일이 아니다. AI가 못하는 일이어야 한다. 로봇이 못하는 일이어야 한다. 남다름은 이제 사람과의 차이만을 의미하는 게 아니다.

:: 제2계책 ::

노력(勞)은 기본이다

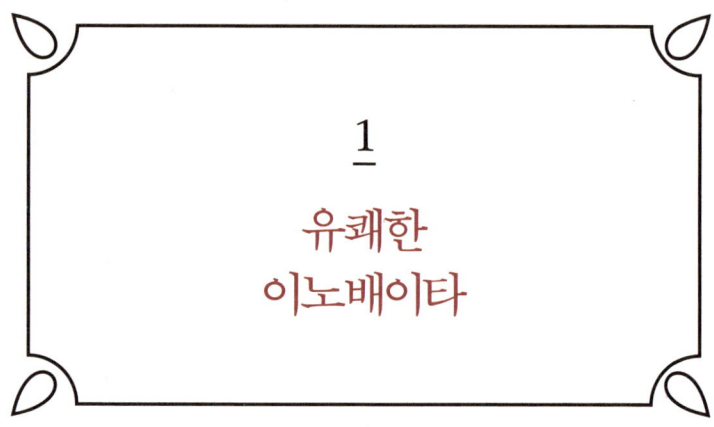

1
유쾌한 이노배이타

 이상한 이들이 있다. 우선 가만히 있질 않는다. 자꾸 꼼지락거린다. 목소리가 크고 열정적이다. 늘 새롭고 이로운 이야기를 한다. 부동산 거래나 주식 따위엔 관심이 없다. 그들의 입에서 나오는 건 주로 '일'이다. 듣고 있으면 절로 흥이 나고 한편으론 부러움의 대상이 된다. 사람을 몰고 다닌다. 독특한 철학이 있다. 청사진 같은 것이다. 더러는 너무 당돌해 보일 때도 있지만 마음결은 참 좋다. 이런 이들을 만나면 기분이 설렌다.
 필자는 이런 사람들을 〈起業家〉라고 부른다. 특히 〈이노배이타〉라고 부른다. 〈이노배이타〉는 한자로 옮기면 '異勞倍利打'가 되는데 기업가들이 쓰는 알고리즘이다. 이들은 이 알고리즘으로 조직을 살찌운다. 일반인이 보기엔 납득하기 어려운 점도 있지만 조직에 사활을 걸고 일단은 들이댄다. 그래서 조직은 이들을 놓치지 않으려고 한다. 이들을 잡기 위해 녹을 주고 더러는 밭도 나누어 주고 직접 농사도 지어보라고 한다.

그렇다면 이들이 조직에서 핵심 인재로 인정받고 조직을 이끌어 가는 사명을 부여받는 데에는 어떤 노하우가 있을까? 이들은 어떤 성공 처방전을 갖고 있을까?

지금으로부터 16년 전인 2002년 일이다. 우리나라 국민이 사상 처음으로 월드컵 4강 진출이란 맛난 감을 먹고 있을 때다. 바다 건너 일본은 월드컵 8강에 그친 탓으로, 거리 분위기가 암울했다. 그해 10월 일본 교토 통신에 아주 짧은 단신이 하나가 뜬다. 이 단신은 일본열도를 뜨겁게 달군다. 바로 '다나카 고이치 노벨화학상 수상 소식'이다. 인류 역사상 최초로 일개 샐러리맨이 노벨상을 거머쥐었다. 당시 다나카 고이치는 일본 스마즈 제작소라는 중소기업에서 대리로 일하고 있었다.

필자는 우리 곁의 〈이노배이타〉, 즉 〈起業家〉의 전형으로 다나카 고이치를 꼽지 않을 수 없다. 그의 수상 소식은 무엇을 의미하는가? 그는 동경대나 동경공대 출신, 즉 엘리트도 아니다. 그는 학력이 높은 것도 박사학위를 가진 것도 아니다. 그는 자신의 작업실에서 젊음과 열정 하나만으로 성공 모델을 만들었다.

다나카 고이치는 이렇게 수상 소감을 밝혔다.

"새로운 것을 만들고, 이를 통해 사람들에게 도움을 주는 그런 일에 나는 흥미를 느낄 만한 열정을 갖고 있다."

그에게는 그만의 독특한 무엇이 있었다. 꿈, 열정, 신념, 도전, 우직 같은 것이다. 〈이노배이타〉들은 '꿈+열정+신념+도전+우직'이란 '성공 타민'을 스스로 조제해서 늘 복용하면서 산다.

"잘 되는 사람은 잘 될 수밖에 없다."

이 문장에서 '밖'이란 단어를 보자. 대개 사람들은 자신의 성공 파이를 회사 밖에서 찾으려고 한다. 그러나 이노배이타는 자신이 하는 일, 즉 업무 안에서 찾는 이들이다. 그러니까 곁눈질을 하지 않는다. 묵묵히 자신에게 주어진 일과 펼쳐진 길을 따라간다. 그 길 안에서 성공을 위한 맥을 찾는 데 모든 걸 바친다.

이들은 안을 들여다볼 때 그냥 보지 않는다. 현미경을 갖고 세세히 들여다본다. 특히 조직 안에도 성공을 부르는 비즈니스 모델이 있기 때문이다. 그래서 이들은 바깥사람이 아니라 안 사람으로 자리를 잡고 부단히 천착해간다. 조직에 몸을 담고 있는 중에 부와 명예는 물론 자아실현을 추구한다.

이들이 〈起업家〉로 자리를 잡아가는 로드맵이 있다. 그들은 다섯 가지 길을 걷는다.

첫째 〈Chance〉의 길을 간다

이들은 늘 자신이 위치한 현재의 좌표를 주시한다. 왜냐하면 과거를 알고 현재를 보면 미래가 보이기 때문이다. 변화를 도모하기 위해선 무엇보다 자기 평가가 중요하다. 그래서 냉철하게 나의 과거와 현재를 짚어 본다. 그리고 이런 생각을 한다. "조직 내 누군가 할 일이라면 내가 먼저 한다." 이렇게 일을 선도함으로써 변화의 방향을 잡아간다. 그리고 'Change'에서 'Chance'를 읽어낸다. 그렇게 기회의 길을 걷는다.

둘째 〈제로 투 원〉의 길을 간다

장점을 극대화한다. 장점을 더욱 장점화한다. 장점화는 조직 〈안 사람〉으로서 포지셔닝하기 위해 쓰는 전술이다. 일단 자신만의 제품과 서비스 품질 극대화에 적극적이다. 대개 품질은 기본품질, 성능품질, 매력품질처럼 세 가지로 나뉜다.

이들은 자신이 하는 업무를 하나의 제품이라 여긴다. 가령 일상적으로 하는 업무는 '기본 제품'이다. 업무개선을 거쳐 달성한 업무는 '성능 제품'이다. 끝으로 좀 더 창의적이고 독보적인 차별화를 달성한 업무, 즉 남이 할 수 없는 업무는 '매력 상품'이 된다 ('상품'을 '품질'로 바꾸어도 마찬가지다.). 〈이노배이타〉들은 기본 상품은 물론, 성능 상품, 매력 상품을 생산하는 데 심혈을 기울인다. 조직 내 〈제로 투 원〉이 된다.

셋째 〈구조조정〉의 길을 간다

이들은 늘 조직의 이익을 생각한다. 조직에 이롭기만 할 수 있다면 자신의 단점을 찾아내어 과감히 구조조정을 단행한다. 보통 직장인들은 안보다는 밖에 시선을 두기 때문에 자기의 단점을 못 본다. 누구나 자신에 대해선 관대하다. 그러나 〈이노배이타〉들은 일터를 평면적으로 보지 않고 입체적으로 본다. 자신이 가야 할 로드맵을 3차원으로 찾아내 그 길목에서 기다린다. 즉 주인의 생각이나 상사의 생각을 읽는다. 버릴 것은 버리고 몸을 추슬러서 현장에 바로 투입될 수 있는 역량을 만든다. 단점을 발견하면 피하지 않고 극복하여 장점의 씨앗으로 여기고 파종을 서슴지 않는다.

넷째 〈내면화의 길〉의 길을 간다

아무리 크고 육중한 문이라도 작은 열쇠로 문을 연다. 이것을 성공의 마스터키라고 부른다. 조직에서 성공하는 〈이노배이타〉들은 내면화 작업을 잘한다. 즉 자신을 구성원으로 보지 않고 〈'나'라는 주식회사 CEO〉로 생각한다. 그래서 자기 내면에 숨어 있는 역량을 찾아내어 그 역량파이를 키워 상품화한다.

그냥 시키는 일만 하는 사람들이 아니다. 동네 음식점을 연 셰프를 생각해보자. 그는 신 메뉴 개발을 위해 퇴근도 마다하고 주방에서 밤새워 일한다. 그런 가게는 손님이 줄을 선다. 왜 셰프는 그렇게 할까? 이 과정이 성공 파이를 키우는 기초 작업이기 때문이다.

길을 힘차게 내달리는 자전거를 생각해보자. 자전거는 페달을 부단히 밟아 주지 않으면 이내 쓰러진다. 내면화 작업은 부단히 남몰래 흘리는 땀이고, 성공은 그 땀의 결정체이다. 맛없는 음식점이 문전성시를 이룬 적이 있는가? 역량 없는 일꾼을 데려다 쓰는 주인이 있는가?

다섯째 〈起業家〉의 길을 간다

〈이노베이타〉들은 자신이 하는 일을 '일'로 보지 않으며, 비즈니스로 키워간다. 앞서 소개한 것처럼 이들은 자신을 계약 노동자로 여기지 않고 조직 내부 인사로 생각한다. 그래서 주어진 일을 통해 큰 성취감을 맛보기 위해 일을 '매력 상품'으로 바꾸고 나아가 비즈니스 모델로 탈바꿈시킨다.

〈이노베이타〉가 이런 자세와 열정을 조직에 부어 넣는 모습을 조직의 장은 말하지 않아도 잘 안다. 그래서 이들에겐 기름을 부어주고 열렬한 지원을 아끼지 않는다. 조직 차원의 성원에 힘입어 이들은 기업가로서 한 페이지를 장식하고 세상에 영향력을 주는 인플루언서로 자리 매김을 한다. 즉 성공한 인생을 만들어 간다.

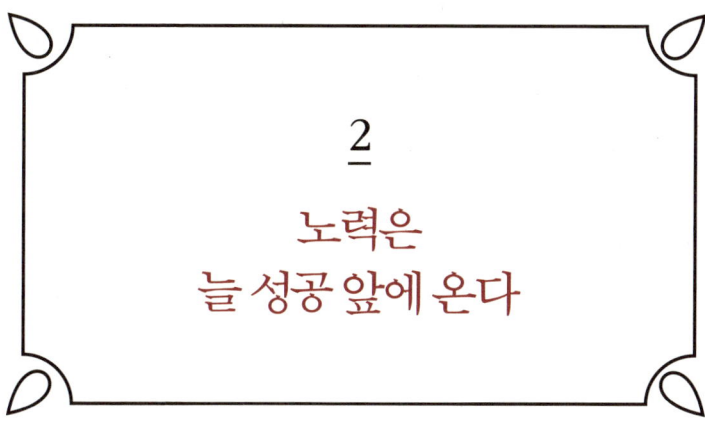

2
노력은 늘 성공 앞에 온다

 대기만성, 큰 그릇은 늦게 찬다는 뜻이다. 크게 될 사람은 늦게 이루어진다. 주변을 둘러보면 대기만성형이 많다. 젊음이 중요한 운동선수 중에서도 대기만성형 선수가 있을 정도다. 이들은 처음부터 두각을 나타내지 않는다. 떡잎은 보잘것없다. 그런데 어느 순간 쑥 자라 있다. 어떤 대나무처럼 뒤늦게 자란다. 도대체 비결이 뭔가?

 바닷게는 원래 몸이 작다. 그런데 몸 전체를 딱딱한 갑옷이 둘러싸고 있다. 작은 몸일 때 입고 살던 옷을 벗어야 성장이 가능해진다. 탈피할 때 죽음의 위협이 가장 크다. 그러나 탈피하지 못해도 죽기는 마찬가지다. 게들은 평생 15~20회 정도 옛 옷을 벗어던지고 어제보다 1센티미터 더 성장한다. 게만 그런 게 아니다. 거미나 뱀을 비롯한 많은 생명체들이 모두 허물을 벗으며 자란다.

프로야구 FA 100억 시대가 열렸다. 그 주인공은 기아 타이거즈 최형우 선수다. 최 선수의 야구 인생은 한편의 드라마다. 그는 역경을 딛고 최정상에 오른 대표적인 대기만성형 선수다. 2002년 삼성에 입단한 뒤 성적 부진으로 방출당한 적도 있었다. 2군 무대를 전전했다. 하지만 보이지 않는 곳에서 방망이를 휘두르며 칼을 갈더니 2016년 프로야구 최고 타자 자리에 올랐다.

신문 사설을 8년간 필사했던 사람이 있다. 그는 정규교육도 제대로 마치지 못한 무학의 신분이었다. 2,577일간 매일 한 편씩 베껴 쓴 그는 훗날 시인 김덕원이라는 타이틀을 얻게 되었다. 그는 공인중개사 일을 하면서 늘 신문을 가까이 두었고, 2000년부터는 매일 신문 사설을 베껴 쓰기 시작했다. 그냥 옮겨 적지 않았다. 사전을 일일이 찾아가며 한글로 된 단어를 모두 한자로 바꿔 적었다.

"사설을 8년 정도 베껴 쓰다 보니 나도 모르게 단어 구사력과 문장력이 늘었고, 글쓰기에 대한 열망이 다시금 생겼다."

꼬박 9년째가 되던 2008년에는 검정고시 준비에 나섰다. 그로부터 4년 만에 중학교와 고등학교 검정고시에 합격했고, 2013년에는 서울디지털대학 문예창작학과에 입학했다. 그해 한 문예지를 통해 시인으로 등단했다.

미국의 한 의사는 운동 부족에 시달리는 평범한 40~50대 가정주부 20명을 선발하여 5개월 동안 훈련을 시켰다. 처음에는 걷는 것도 어려워하던 이들은 천천히 걷기, 빠르게 걷기, 조금 더 멀리 걷기, 천천히 달리기, 빠르게 달리기 등으로 조금씩 훈련강도를 높여갔다. 그 후 5개월이 지나자 의사는 가정주부 20명을 모두 아마추어 마라톤대회에 출전시켰다. 이들 20명은 모두 5시간 안에 풀코스를 완주하는 기적을 보였다.

보이지 않는 곳에서 꾸준히 하는 연습과 노력은 놀라운 기적을 만든다. 대기만성형 사람들은 지금도 어딘가에서 힘을 쌓아가고 있는 것이다.

쇼트트랙이나 경마에서도 대기만성형 전략이 있다. 경기 초반에 선두 주자 뒤에서 달리면서 힘을 비축한다. 이후 코너나 직선주루를 만날 때 앞으로 치고 나가는 전략이다. 이를 경마에서는 추입이라고 한다.

인생은 촌놈 마라톤이 아니다. 처음에 잘 뛰어봐야 허벅지 근력과 폐활량이 받쳐주지 못하면 쉽게 고꾸라진다. 그보다 더 중요한 건 장시간 지치지 않고 뛸 수 있는 힘이다. 지금 비록 뒤처져 있다고 실망하지 말고 추입의 시기를 만들어야 한다.

성공은 시간이 걸리는 게임이다. 카네기 홀에서 공연하고 싶은 가수가 있다. 이 가수에게 필요한 건 인기일까, 연습일까? 중국 속담에 답이 있다.

"문은 스승이 열어주지만, 그곳으로 들어가는 것은 당신 자신이다."

우리는 성공을 만나고 싶어 한다. 그러나 성공 앞에는 늘 수문장처럼 노력이 버티고 서 있다.

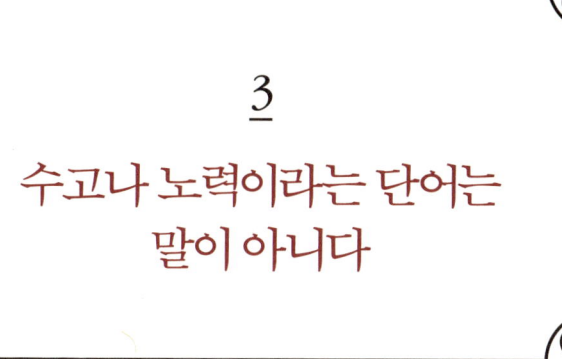

3
수고나 노력이라는 단어는 말이 아니다

정주영 회장이 현대조선을 만들 때다. 세계 최대 조선소를 짓겠다는 그의 말에 모두 '미쳤다'고 입을 모았다. 정주영 회장은 매번 안 된다는 얘기를 들을 때마다 상대방에게 들려주는 레퍼토리가 있었다. "이봐 해봤어?"

오늘날에도 많은 이들이 정주영 회장의 이 말을 따라 한다. 그런데 왜 정주영 표 '해봤어?'는 통하고, 나머지는 통하지 않는가? 둘 사이에는 하나의 작은 차이가 있다. 정주영의 '해봤어?'는 다른 사람과 달리 그냥 말이 아니기 때문이다.

지아 지앙은 '거절'이라는 키워드로 유명한 사람이다. 지아 지앙이 있기 전부터 이미 거절 프로그램이란 게 있었다. 그러나 지아 지앙은 거절 프로그램을 진지하게 수행하여 성과를 낸 드문 사람 가운데 하나였다. 그는 어린 시절 거절을 당한 경험 때문에 훗날 비즈니스에서 트라우마를 겪게 된다. 거절을 이겨내지 못하면 비즈니스는 닻을 달기도 전에 침몰될 것이라는 자각 끝에 거절 프로그램을 실천하기에 이른다. 그는 거절 프로젝트를 통해 100일간 100번의 거절을 당한다. 그리고 실은 거절당하는 경험이 내 안의 두려움이었음을 깨닫게 되고, 거절을 예스로 바꾸는 방법을 배우게 된다. 지아 지앙은 이 경험을 SNS에 올렸고, 테드에 서게 되는 영광을 누린다. 이후 지아 지앙은 CNN, 포브스 등 유명 언론에 소개됐고 거절 전문영업트레이닝 회사를 세워 활발하게 활동하고 있다. 거절에 대한 두려움을 이겨내는 노하우는 인터넷에 많이 떠돈다. 그러나 지아 지앙의 말은 그저 노하우를 옮긴 수많은 말 가운데 하나가 아니라 살아 있는 실천의 화신이었다.

우리나라에도 거절당하기 연습을 통해 연봉 4억 원의 거물 영업사원이 된 사람이 있다. 미래에너지 장동일 대표다. 그는 보험 영업사원 시절 말 주변이 없었다. 낯선 사람에게 말 한마디 거는 게 그렇게 힘들 수 없었다. 첫 해 그의 실적은 바닥이었다. 그는 주변에 조언을 구하며 이 나락에서 자신을 건져낼 밧줄을 찾았다. 그러나 그는 그 어떤 조언이나 위로, 격려, 채찍질도 스스로 이겨내려는 시도가 없다면 모두 무위임을 알게 되었다. 그렇게 거절당하기 연습을 통해서 두려움을 떨친 그는 고문관 신입사원에서 연봉 4억 원의 핵심 영원사원으로 거듭난다.

> 하늘이 장차 큰일을 맡기려 할 때에는 반드시 먼저 그 마음과 뜻을 괴롭게 한다. 그래서 근육과 뼈를 깎는 고통을 당하게 하며, 그 몸을 굶주리게 한다. 또 생활은 빈궁에 빠뜨려 하는 일마다 어지럽게 한다.
> _맹자

만일 그와 같이 곤궁한 자리에 있으면서도 자리를 떨쳐 일어나려고 애쓰지 않는다면 그건 둘 중에 하나다. 큰일을 맡길 만한 그릇이 아니거나 입으로 세상을 사는 사람이거나. 패배나 실패가 의미를 갖는 유일한 경우는 그것이 새로운 시도와 성공으로 연결될 때뿐이다.

일본의 혼다자동차는 가장 심하게 실패한 임직원에〈올해의 실패상〉을 수여한다. 실패를 기리는 것이 아니라 그의 도전정신과 상식을 뛰어넘는 시도를 기리기 위한 행사다. 실패학의 창시자인 요타로 교수는 이렇게 말했다.

"실패는 창조를 이끌기 때문에 두려워하지 말아야 한다."

내가 옮기고 인용하는 이 글들은 다 말로 이루어져 있지만 그러나 말이 아니다. 우리가 떠올리는 김연아 선수의 이미지도 그렇다. 우리는 그녀를 잠자는 시간을 빼놓고는 모두 연습만 하는 지독한 연습벌레라고 생각하지 말을 예쁘게 잘하는 달변가로 여기지 않는다. 축구선수 박지성과 발레리나 강수진의 발 사진은 노력이란 말이 필요 없음을 우리에게 알려준다.

UCC 사이트인 유튜브를 창업한 스티브 첸은 이렇게 말했다.
"머릿속에 끊임없이 아이디어가 떠오르면 일단 시작해보라!"

생각은 말을 거치지 않고도 얼마든지 실행으로 연결될 수 있다. 당신의 생각 지도를 펼쳐라! 지도를 따라 일단 걸어보라. 성공이란 움직이는 가운데 쟁취하는 것이다. '고수'로 가는 길목엔 '수고'라는 이정표가 우뚝 서 있다. 누구든지 그 이정표를 따라가면 어느새 목적지에 다다른다. '수고'는 '고수'들이 꼭 거치는 경유지다.

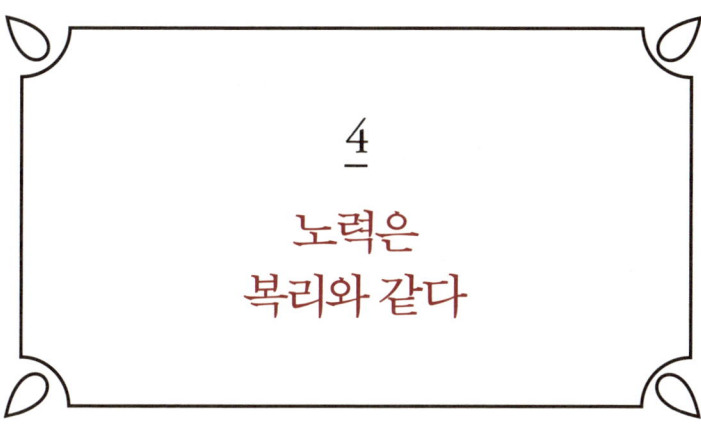

4
노력은 복리와 같다

 한 젊은이가 마차를 몰고 가다가 수렁에 빠졌다. 젊은이는 수렁에서 건져달라고 신에게 기도했다. 기도를 들은 천사가 하늘에서 내려와 젊은이의 뒤통수를 때렸다.
 "자식아! 밀면서 기도해!"
 대개 살면서 뭐 하나 이룬 게 없거나 실패를 거듭하는 사람들에게 아주 나쁜 심보가 있다. '공짜 심리'다. 자신은 손가락 하나 꼼짝하지 않고 떡고물이 떨어지기를 바란다.
 우리는 종종 성공한 사람은 남다른 선천적인 재능을 갖고 태어났다고 여긴다. 시카고 대학교 교육학 교수인 벤자민 블룸이 이

끄는 연구팀은 120명에 달하는 지상 최고의 실력자들, 예컨대 예술가와 운동선수, 학자들을 연구하기 위해 그들의 부모님을 인터뷰했다. 어머니들은 자기 자식에 대해서 어떤 말을 했을까?

"우리 아이는 별다른 재능이 없었어요. 오히려 형제 중에 재능이 뛰어난 아이가 있었으면 있었지 얘는 아니었어요."

과거에는 모르겠다. 민간에서는 어떻게 바라보는지 모르겠다. 그러나 뭔가 배웠다는 사람들이 과학적으로 성공의 비결을 추적하면 매번 특별한 재능이 아닌 '과감한 결단성'과 '불굴의 추진력' 따위가 핵심 요인으로 발견된다.

미국 템플 대학 창시자 러셀 코웰 박사 역시 실험 내용은 다르지만 동일한 결론에 도달했다. 그는 제2차 세계대전 후 미국에서 백만장자로 성공한 4,043명을 조사했다. 결과는 어땠을까?

"이들 백만장자에게는 두 가지 공통점이 있었다. 하나는 그 많은 백만장자 가운데 고졸 이상의 학력자는 69명뿐이고 나머지는 거의 공부를 하지 못했다는 점이다. 사람이 성공하는 데 학벌은 그리 중요하지 않다는 것이 증명된 셈이다. 두 번째 공통점은 행동 철학이 있다는 사실이었다. 그들은 하나같이 뚜렷한 목적을 갖고 있었고, 목적을 위해서 최선을 다했으며 자신의 무능과 무식을 통감하고 기도했다."

필자가 다니는 직장에도 재능보다 부단한 노력으로 성공한 이들이 자주 목격된다. 나는 개인적으로 이런 사람들을 좋아한다. 필자가 입사할 때 채용조건은 주로 대졸, 남성, 군필자였다. 입사 동기 대부분은 대학을 졸업하고 군대를 제대하고 직장에 들어왔다. 하지만 20년 넘은 지금 그들을 살펴보면 채용조건, 즉 그들을 선발했을 때의 스펙은 지금 그들의 모습과 전혀 무관하다. 인사기록카드를 보면 대부분은 채용 전 학력이나 자격증 보유 수준에는 큰 변화가 없다. 하지만 꾸준히 자기개발을 한 동기들의 인사기록카드는 20년이 지난 지금 다양한 노력의 흔적들로 가득하다.

직장 선배인 조관일 대표는 농과대학을 졸업하고 농협에 입사했다. 조 대표는 "나 같은 촌놈이 유명해지려면 어느 한 분야의 전문가가 되어야 한다."고 생각했다고 한다. 고민 끝에 매일매일 농협 창구에서 벌어진 일을 사례화해 3년 만에 고객 대응방법을 주제로 〈손님 잘 좀 모십시다!〉라는 책을 출간했다.

선배는 이후 노력이라는 사다리를 타고 승승장구하여 농협 본부장과 상무로 승진했다. 농협 퇴직 후에는 강원도 정무부지사를 거쳐 석탄공사 사장까지 지냈다. 강의활동도 부지런히 뛰었고, 〈비서처럼 하라〉 등 50여 권의 책을 내는 등 저술활동도 지속하고 있다.

교수가 된 청소부가 있다. 특급 호텔에서 객실 미니바 관리를 맡고 있는 A 씨 이야기다. 전업 주부로 살던 그녀는 남편이 사업에 실패하자 플로어 관리인으로 승진할 때까지 15년 가까이 객실을 청소했다. 방송대 국문과에 입학한 A 씨는 직장의 배려와 가족의 전폭적인 지원 아래 대학 졸업장을 땄지만 여기서 만족하지 않았다. 그녀는 대학원에 입학해 호텔관리를 전공한 뒤 대학에서 강의를 맡게 되었다.

여러분에게 성공을 위한 노하우 '노력만사(萬事)법'을 익히라고 말하고 싶다. '노력만사법'이란 저축에 있어 '복리계산법' 같은 논리다.

질문이다. 당신 앞에 천으로 된 냅킨이 하나 있다. 이 천의 두께는 1인치의 1/32 정도다. 이 냅킨을 반으로 접으면 두께가 얼마나 될까? 1인치의 1/16이 된다. 그 상태에서 한 번 더 접으면 두께는 1인치의 1/8이 되고, 세 번째 접으면 1인치의 1/4, 네 번째는 1/2, 다섯 번째는 1인치가 된다.

만일 이 냅킨을 접어서 달까지 도달하려면 몇 번이나 접어야 할까? 달까지의 거리는 23만 7,350마일이다. 놀랍게도 39번만 접으면 달에 도착할 수 있는 두께가 된다고 한다. 만약 당신이 50번을 접으면 이론적으로 달을 1,179번 왕복하고도 남는다. 이게 노력만사의 위력이다.

대부분 사람들은 적은 금액도 시간이 흐르면 재산이 될 수 있다는 사실을 깨닫지 못한다. 칼로도 자를 수 없는 댓돌을 낙숫물이 뚫는다. 성공이란 영역에 공짜란 없다.

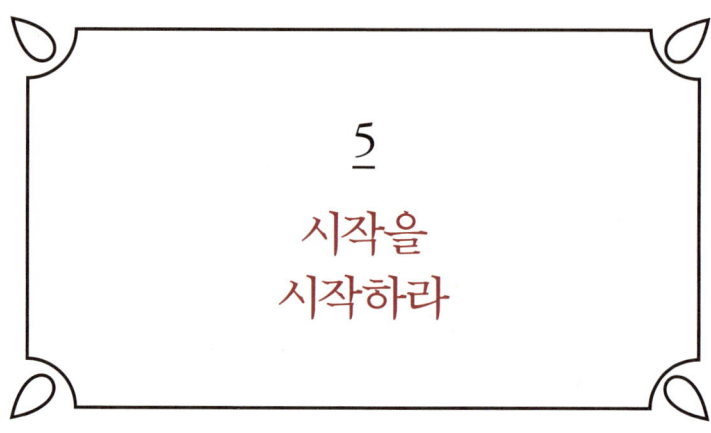

5
시작을
시작하라

 멧돼지가 나무 옆에 서서 이빨을 갈고 있었다. 여우가 가만히 지켜보더니 멧돼지에게 물었다.

 "근처에 사냥꾼도 없는데 왜 이빨을 가는 거야?"

 멧돼지가 대답했다.

 "위험에 닥치면 그때는 이빨을 갈 시간이 없잖아. 그러니까 미리 갈아놓는 거지."

 2천 년 전 이솝은 두 부류의 인간에 대해서 놀라운 통찰력을 보여준다.

 노자는 이렇게 말했다.

혁자병법(革着兵法)

"천하의 어려운 일은 반드시 쉬운 것에서 시작된다. 천하의 큰 일은 반드시 미세한 것에서 터진다."

한비자도 같은 맥락의 말을 전한다.

"천 길 높은 둑은 개미나 땅강아지의 구멍으로 인해 무너지고, 백 척 높이의 으리으리한 집은 아궁이 틈에서 나온 조그만 불씨 때문에 타버린다."

정규형 대전시약사 회장은 〈작은 일〉이란 글에서 이렇게 말했다.

"최근 소통의 방식을 재미있게 정리한 강연을 들은 적이 있다. 소통을 疏通, 小通, 笑通, 燒通 등으로 얘기했다. 빈틈을 보여야 하고 웃으면서 술과 함께 통해야 한다는 것이었다. 이 중 가장 기억에 오래 남는 건 '작은 일부터 통하라'는 '소통(小通)'이었다."

다시 여우로 돌아가 보면, 여우에게 이빨 가는 일은 사소한 일이었다. 그러나 멧돼지에게는 그 작은 일이 절대 작지 않은 일이었다. 소통도 그런 의미요, 개미구멍도 마찬가지다. 우리는 단돈 1만 원이라도 잃어버리거나 헛되이 낭비하면 아까워하면서 오늘 작은 시간을 헛되이 쓰는 데에는 아무도 안타까워하지 않는다. 여가가 따로 없다.

워싱턴포스트 기자 출신 말콤 글래드웰은 2009년 〈아웃 라이어〉라는 책을 출간했다. 그는 이 책에서 빌 게이츠, 비틀스, 모차르트 등 시대를 대표하는 천재들의 공통점을 1만 시간으로 설명했다. 타고난 천재성에 덧붙여 노력이 성공의 비결이라는 말이다.

가령, 당신이 말이라고 하자. 주변에서는 당신을 물가에 데려가려고 한다. 마지못해 따라간다. 그러나 물가에 이르자 생각이 달라진다. 당신 눈으로 물을 보자 갈증이 생긴다. 마시고 싶다는 생각이 든다. 노력을 시작하게 만드는 모멘텀이 있다. 마트에서 시행하는 시식도 그렇다. 행동의 맛을 보라. 그래야 하고 싶어진다.

1994년 제프 베조스는 인터넷을 통해 책을 팔 계획을 세웠다. 그러나 그 시절, 책이란 '종이책'이 전부였고, 서점이란 '오프라인 서점'이 전부였다. 전자책은 사람들에게 매우 낯설고, 거부감 넘치는 이질적 물질이었다. 사람들은 다 부정적인 반응을 보였다. 그러나 베조스는 집 차고에서 회사를 만들면서 이런 말을 되뇌었다.

"가장 위험한 도전은 도전하지 않는 것이다(The biggest risk is not taking any risk.)."

무엇인가 계획했다면 몸을 움직이는 것이 중요하다. 단 크게 시작하지 말고 작게 시작하라. 조금 달리 말하면, 혁신을 도모하려면 일단 시작을 시작하라! 그러자면 〈START〉 버튼을 눌러야 한다.

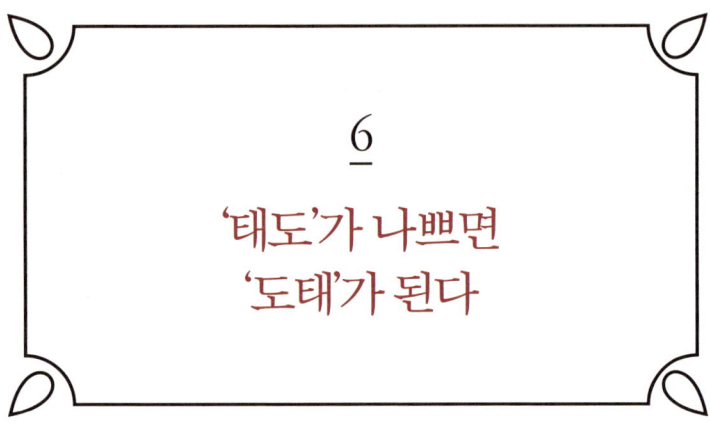

6
'태도'가 나쁘면
'도태'가 된다

언젠가 개그맨 L씨와 만났다. 그는 연예계에도 불문율이 있다고 말하며 이 말을 전했다. '까불면 간다.' 대중의 인기를 먹고 사는 이들은 자기 관리에 소홀하면 시장에서 사장당하기 십상이다. 잠깐 반짝하다가 소리 소문 없이 사라지는 연예인들이 얼마나 많은지 생각해 보라. 정상을 지키기란 말처럼 쉬운 일이 아니다.

얼마 전 모 프로에서 일본 프로축구 소속 정대세 선수의 일상이 소개된 적이 있었다. 내 시선을 잡아 끈 대목이 있다. 그가 미래를 대비하여 일본 공인중개사 시험을 준비하고 있는 모습이었다. 프로선수는 수명이 짧고, 언제든지 2군으로 밀릴 수 있다. 그는 이런 현실을 받아들이고 미래를 준비하고 있었다.

가왕 조용필이 '위대한 탄생'이라는 그룹을 결성한 후 방송 활동을 막 시작할 무렵이었다. 어느 날 방송 준비를 위해 방송국 대기실에 모였는데 멤버 한 명이 사정이 생겨 뒤늦게 나타났다. 문이 열리고 지각생이 등장하자 조용필은 2단 옆차기를 날렸다.

"정신 차려! 우리가 가는 건 한 순간이야."

조용필은 연습벌레로 잘 알려져 있는데 그의 긴장감 역시 오늘날의 전설을 만든 한 가지 요인이겠다. 정상에 오르는 것도 힘든 일이다. 그러나 수성은 더욱 부단한 노력을 요구한다.

자동차 '시보레'는 수성에 실패한 대표적 사례로 꼽힌다. '시보레'는 가족용 고급 승용차로 런칭, 미국 시장을 점령했다. 그러자 욕심을 부렸다. 고급 승용차부터 스포츠카, 소형승용차, 트럭에 이르기까지 모든 차에 손을 댔다. 결과는 참패였다. 심지어 가족 승용차 부문에서도 혼다와 포드, 도요타에 선두를 뺏겼다.

제록스와 아메리카 에어라인도 비슷한 운명을 걸었다. 복사기의 대명사를 떠올리면 아직도 '제록스'를 생각하는 이가 있다. 그러나 더 이상 예전의 제록스가 아니다. 제록스는 시보레와 달리 한 우물만 파다가 새로운 시장으로 옮겨 탈 기회를 놓쳤다. 그 사이 휴렛 패커드가 레이저 프린터를 출시하며 시장을 장악했다.

아메리카 에어라인은 사람을 실어 나르는 데 집중했다. 하늘길을 통해서 날아야 할 게 뭐가 더 있는지 쳐다보지도 않았다. 그러는 사이 페더럴 익스프레스는 사람 대신 화물을 나르며 아메리카 에어라인의 300% 이상의 규모로 성장했다.

이런 이야기는 연예계나 기업 단위의 문제만이 아니다. 직장인에게도 똑같은 규칙이 적용된다. 한 번 잘못 뿌리박힌 안일한 생각이 직장생활 전체에 얼마나 큰 치명타를 주는지 우리는 자주 목격한다. 가장 촉망받던 직원과 가장 인정받는 관리자가 어떻게 추락했는지 우리도 잘 알고 있다.

영원한 1등은 없다. 어떻게 해야 할까?

〈PWT〉 전략을 제안한다.

첫째 〈P〉, 즉 People이다. 지금 같이 일하고 있는 사람이 가장 소중한 사람이라고 생각하라.

둘째 〈W〉, 즉 Work다. 지금 하고 있는 일이 가장 소중한 일이라고 생각하라.

셋째 〈T〉, 즉 Time이다. 지금이 가장 소중한 때라고 생각하라.

영어로 압축해서 표현하면 〈Now & Here〉다. 나이 들면서 종종 듣는 이야기, 즉 '있을 때 잘해!'도 같은 맥락이다. 잘하려면 태도가 좋아야 한다. 삶이든 일이든 〈태도〉가 나쁘면 〈도태〉가 된다.

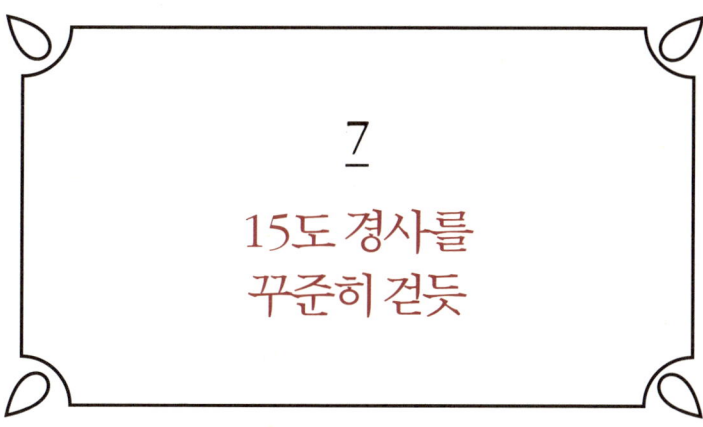

7
15도 경사를 꾸준히 걷듯

가끔 이런 질문을 한다. "이 세상에서 가장 힘든 일은 무엇일까?" 사람마다 대답이 다르겠지만 필자 생각은 이렇다.

'남의 지갑을 여는 일이 가장 힘들다.'

이렇게 말하면 특히 세일즈로 먹고사는 이들은 고개를 끄덕거릴 것 같다. 사실 무엇을 팔거나 무엇을 설득하는 일은 참 어려운 작업이다. 그래서 고수와 하수로 나뉜다. 고수들은 어떻게 할까?

일본의 한 전문가는 이렇게 말한다.

"고객이 원하는 것을 꼭 집어서 제안하면 계약은 성사된다. 답을 알 수 있다면 기획은 백발백중인데 다들 답을 찾으려 하지 않는다. 답을 찾으려 하지 않고 한 방만 노린다. 장사에서 그 답을 발견하는 방법은 간단하다. 고객 입장에서 생각하면 된다."

그의 말에 따르면 하수는 '한 방'을 노리고, 고수는 '고객'을 노린다. 사고의 관점도 다르지만 결과를 만드는 데 걸리는 시간도 다르다.

도시바와 닛산자동차의 몰락에도 이 시간이 개입해 있다. 1970~80년대 일본 도쿄대학생들이 취업을 희망하는 기업은 도시바와 닛산자동차였다. 도시바는 제너럴일렉트릭의 전구를 들여와 최초로 판매했고 가전제품에서도 일본에서 가장 많이 생산했고, 가장 많이 팔았다. 1990년대에 매출 5조 엔을 달성한 초일류 기업이었다. 기술의 닛산도 한창 날리던 시절이 있었다. 한때 세계 5위 브랜드로 이름을 떨쳤다.

반면 도요타는 닛산의 뒤를 잇는 2등 브랜드였다. 본사도 도쿄가 아닌 지방에 있었다. 연봉도 적었다.

하지만 도요타는 조금 다른 시간 개념을 갖고 있었다. 그들에게는 조금 돌아가는 여유가 있었다. 개발과정에서 그들은 실험을 중시했고 자신만의 방식을 고집했다. 닛산이 외산 기술에 의지하여 고급차 생산에 박차를 가할 때도 도요타는 마치 거북이처럼 느릿느릿 걸었다. 당연히 시행착오도 많았다.

이 시간개념의 차이는 지금 어떤 결과로 이어졌을까?

도시바와 닛산은 동일한 절차를 밟으며 빠르게 가세가 기울었다. 반면 도요타는 세계에서 가장 자동차를 많이 생산하는 기업이 되었다. 도요타에는 도요타 웨이가 존재하지만 도시바와 닛산에는 '빨리 갈 수 있다면 적의 말이라도 훔쳐서 탄다'는 정신밖에 없었다.

이 시간 차이를 잘 보여주는 게 닭으로 성공한 하림그룹 김홍국 회장의 '15도(度) 경영론'이다.

"15도 경사 진 길을 궁리하며 오르라고 말한다. 15도인 이유는 15도는 쉬지 않고 계속 걸을 수 있기 때문이다. 혁신이라는 것은 어느 한순간 생기고 마는 것이 아니다. 40도, 90도의 길을 한 번 올라갔다가 계속 쉬면 의미가 없다. 15도 경사 진 길을 그냥 걷기만 하면 안 되고 궁리하면서 걷는 게 중요하다. 궁리는 창의성을 말한다."

성과에 대한 열망은 때로 설익은 밥을 짓게 만든다. 진정한 혁신은 '빨리빨리'가 아니라 '제대로'에 있다. 만일 우리가 혁신에 나선다면 무엇보다 '짧은 호흡'을 버리고 '긴 호흡'으로 갈아타야 한다. 혁신의 시간표는 절대 날숨 한 번 들숨 한 번으로 채워져 있지 않다.

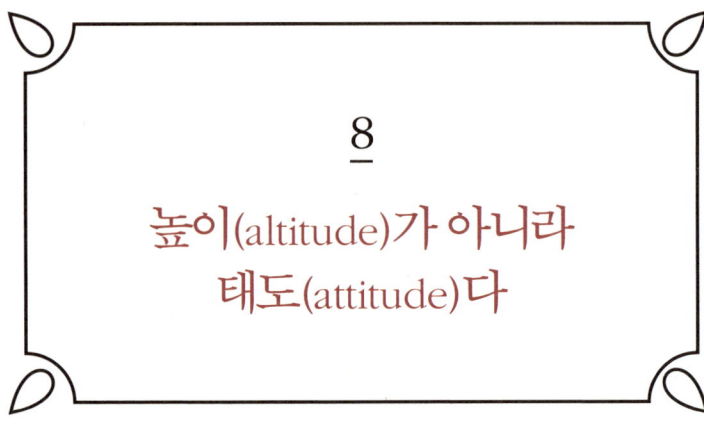

모 기업 연수원이나 사업장에 들어가면 입구에서 비전과 미션을 한 눈에 볼 수 있다. 그중 눈길을 붙잡는 게 있는데 'Right People'이란 단어다. 일반적으로 '최적의 인재'를 의미하는 이 단어를 그러나 나는 '정신이 제대로 박힌 구성원'으로 읽어보고 싶다. 몇 해 전 〈정의란 무엇인가?〉라는 철학책이 우리나라를 강타한 이유가 무엇일까? 'Right People'에 대한 목마름 때문이 아닐까?

교세라는 일본 경영의 신이라고 불리는 이나모리 가즈오 회장이 1959년 창업한 회사다. 이 회사는 창업 당시 28명으로 시작해 지금은 6만 명이 넘는 다국적 기업으로 성장했다. 연매출이 15조 원에 달하는 것도 놀랍지만 50년 연속 흑자라는 건 더 대단해 보인다.

50년 연속 흑자의 비결은 무엇일까? 회사 측이 밝힌 비결은 이렇다.

"우리 회사가 50년간 적자를 낸 적이 없는 것은 올바른 사고방식을 가진 사람들이 열정을 바쳐 일했기 때문이다."

여기서도 우리는 'Right People'을 만난다.

교세라 창업자인 이나모리 가즈오 회장은 저서 〈왜 일하는가?〉 후기에 재미있는 성공 방정식을 공개했다. 그가 80 평생 경영자로 일하면서 인생이든 일이든 성공한 비법이다.

"경영자로서 인생이든 일이든 성공을 하는 데는 3가지 요인이 있다. 바로 사고방식, 열정, 능력이다."

정리하면 그의 성공방정식은 '성공 = 사고방식 × 능력 × 열정'이다. 그런데 이 공식에는 조건이 하나 있다. 능력이나 열정은 그 스펙트럼이 0에서 100인데 반해 사고방식은 −100에서 +100까지 음수까지 존재한다는 사실.

가령 능력이나 열정은 가장 작은 사람은 0, 가장 높은 사람은 100이므로 능력과 열정이 성공에 끼치는 영향은 최소 0을 만들거나 최대 100배를 만든다. 반면 사고방식은 마이너스의 존재 때문에 성공은 고사하고 -100배의 실패까지 만들 수 있다는 사실이다. 이건 그가 플러스 사고방식, 즉 'Right'의 중요성을 고려했기 때문으로 생각된다.

일본의 장인정신을 말할 때 '모노 즈쿠리'라는 단어를 쓴다. 이 단어는 혼신을 다해 제품을 만드는 일본인들의 자세를 의미한다. 그런데 이나모리 가즈오 회장은 교세라를 만든 것은 그런 모노 즈쿠리(기술력)가 아니라 히토 즈쿠리(올바른 정신)라고 고쳐 말했다. 정신이 제대로 박힌 올바른 사람이 시대를 주도하고 성공을 만들어간다.

1977년 국내 최초로 에베레스트 등정에 성공한 김영도 씨도 올바름이 왜 실행에서 중요한지 말한다.

"위대한 등반가들은 어떻게 오르는가가 아니라 왜 올라야 하는가를 고민했지. 높이(altitude)보다 산을 만나는 태도(attitude)가 중요한 거야."

그는 몇 개의 산을 정복했는지에 관심이 없었다. 대신 오를 때 어떤 마음가짐, 어떤 이유인지 스스로에게 물으며 산을 올랐다. 그러므로 그건 높이를 지향하는 등반이 아니라 태도를 지키고 찾으려는 여정이었다. 그의 태도 역시 'Right People'을 말하고 있다.

"만일 지금 성실하게 일하는 것밖에 내세울 것이 없다고 한탄

하고 있다면 그 우직함이야말로 가장 감사해야 할 능력이라고 말하고 싶습니다. 지속의 힘! 지루한 일이라도 열심히 계속 해 가는 일이야말로 인생을 보다 가치 있게 만드는 진정한 능력입니다."

올바름을 우리가 우직함으로 해석할 수 있다면 이나모리 가즈오 교세라 회장의 이 말만큼 'Right People'의 값어치를 잘 정의한 것도 없을 것 같다.

"Stay Hungry, Stay Foolish!(배고픈 채로, 바보같이 살라!)"

스티브 잡스는 2005년 미국 스탠퍼드 대학 졸업식 축사에서 최후 멘트로 그가 어린 시절 즐겨 읽었던 책자의 마지막 구절을 인용한다. 그 말이 자꾸 살아 있는 이유는 그 속에 'Right People'의 정신이 숨어 있기 때문이다.

박성규 목사는 〈사람이 인테리어〉라는 글에서 직원이 바뀌고 손님이 늘어난 카페 이야기를 전한다. 그 카페는 전부터 커피맛 좋고, 인테리어 좋다는 평가를 받았다. 나름 장사도 나쁘지 않았던 모양이다. 그런데 직원 한 명이 바뀌더니 그날부터 장사는 날개를 달았다. 무엇이 달라진 것일까? 새로 온 직원은 종교인이었는데 신을 섬기듯 고객을 섬기는 자세가 달랐다고 한다.

일에 대한 자세를 'Workship'이라고 한다. 워크십이 인생에 차이를 만든다. 주변을 한번 둘러보자. 늘 사람이 따르고 일을 척

척 해내는 사람들은 공통적으로 워크십이 좋다. 이들은 세상에 긍정적 영향을 끼치는 된 사람이다.

세상은 당신이 무엇을 하는지 별로 관심을 기울이지 않는다. 대신 그 일을 어떻게 하는지 주목한다. 일에 대한 자세는 'What'이 아니라 'How'에 달렸다. 피겨 스케이팅은 아름다운 종목인가? 만일 그렇게 생각한다면 우리는 김연아 선수의 노력에 감사해야 한다. 그녀가 피겨 스케이팅을 대하는 노력과 자세가 없었으면 우리는 여전히 트리플 점프가 무엇인지 알지 못했을 것이다. 우리는 '무엇'이 아니라 '어떻게'에 열광한다. 인생은 높이(altitude)가 아니라 그것을 대하는 태도(attitude)이다.

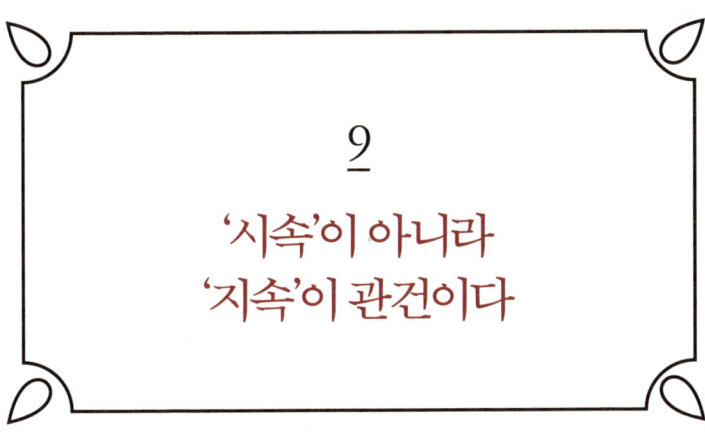

2
'시속'이 아니라 '지속'이 관건이다

감초는 약방에 없어서는 안 될 약초다. 나는 '행복 약초'를 선사하고 싶다.

행복 약초는 산속 깊은 곳에 자라는 게 아니라 우리네 일상 속에서 자란다. 이 약초가 자라는 곳은 가령 직장인에게는 직장이 될 수 있고, 주부라면 집이 될 수도 있고, 학생이라면 학교나 학원이 될 수 있다. 다만 몸에 좋은 모든 약초가 그렇듯이 찾아내는 게 만만치 않다.

행복 약초란 바로 당신이 지금 하는 일이다. 물론 '일'은 밥도 되고, 꿈도 된다. 그러나 나는 일이란 우리 몸에 좋은 약초라고 믿는다. 다만 당신이 하는 일이 보약이 되려면 생각을 좀 바꿀 필요가 있다.

질문이다. 출판사에서는 베스트셀러 작가를 좋아할까? 아니면 스테디셀러 작가를 좋아할까?

물론 책이 한 번에 수십만 부씩 팔리면 더 이상 좋을 게 없겠다. 그러나 베스트셀러 만드는 게 어디 그리 쉬운 일일까? 그래서 설령 매일 한두 권이라도 좋으니까 꾸준히 팔리는 스테디셀러 작가를 선호하게 된다. 장작불처럼 화르르 타오르고 꺼지는 것보다는 우리네 시골에서 안방을 훈훈하게 데워줬던 화롯불처럼 은근하고 질긴 게 좋다. 꾸준한 판매는 수입 예측이 가능해져 사업 운영에도 큰 도움이 된다.

행복한 인생은 단기전이 아니라 장기전이다. 그러니까 인생은 단판 승부가 아니라 시즌 내내 치르는 축구경기 같아서 숱한 경기를 치르고, 국내외의 여러 대회에도 참가해야 한다. 심지어 한 경기만 따로 떼어놓고 보아도 전반전이 있고 후반전이 있으며 안 되면 연장전도 갖고 승부차기까지 치른다.

행복한 인생을 위해선 멀리 보고 달려야 한다. 멀리 보고 달릴 때 바라보는 세상의 가치도 달라진다.

"진정한 성공이란 자신이 진정 자랑스러워할 수 있는 그 무엇인가를 창조하는 것입니다. 성공은 돈하고는 상관이 없습니다.

평생 얼마나 벌었느냐로 기억되는 사람은 없습니다. 은행 계좌에 10억 달러를 넣어 둔 채로 죽든, 베개 밑에 20달러를 남기고 죽든 그런 것은 별로 중요치 않습니다. 중요한 것은 당신이 살면서 어떠한 특별한 것을 창조했는지 그리고 다른 사람의 인생에 진정한 변화를 만들었는지 여부입니다."

영국 버진 그룹을 창업한 리차드 브랜슨 회장의 말이다.

그렇다면 인생을 스테디셀러로 바꾸려면 어떻게 해야 할까?

'인생(人生)'이란 단어를 한자로 보면 재미있다. 글자를 나눠보면 사람 인(人), 그리고 소 우(牛) 그리고 한 일(一) 자가 된다. 그러니까 인생이란 사람이 소처럼 우직하게 한 길을 가는 것이다. 압축해서 말하면 일생일업(一生一業)을 뜻한다.

스테디셀러가 될 수 있는 첩경은 바로 일생일업(一生一業)을 갖는 것을 말한다. 필자는 이 세상에서 가장 행복한 사람은 '평생 한 길'을 걷는 이라고 믿는다. 행복해지려면 그러므로 너무 서둘지 말고 지금 하는 일을 관 속까지 갖고 가겠다는 생각으로 꾸준히 걸어보자.

일본에서는 장어요리를 배우는 데 40년이 걸린다는 말이 있다. 그러니까 장어 꼬치 꿰는 데 3년, 배 가르고 뼈 발라내는 데 8년, 굽는 데 20~30년 걸린단다. 거침없이 올라가는 엘리베이터가 있다면 얼마나 좋겠는가. 그러나 성공 인생은 대개 계단을 차근차근 밟아 오른다.

  당신의 일생일업은 무엇인가? 당신의 삶은 스테디셀러인가? 인생은 '시속'이 아니라 '지속'이 관건이다.

  살면서 노벨상을 타면 경사스런 일이다. 그러나 누구나 이 상을 타는 건 아니다. 그런데 당신도 도전하면 탈 수 있는 상이 하나 있다. 바로 '노력상'이다. 지금 하는 일로 '노력상'을 타보자. 이런 자세가 당신을 조직 내 〈이노배이타〉로 만든다.

:: 제3계책 ::

더 해서(倍)
나쁠 건 없다

1
당신의 생각을
색7하라

 본격적인 이야기에 앞서, 질문이다. IBM, P&G, 시스코, 시멕스…… 이런 기업들의 공통점은 무엇일까?

 일단 외국 기업이다. 공룡처럼 몸집도 크다. 글로벌 기업이다. 그런데 공통점이 하나 더 있다. 공룡인데도 민첩하다.

 하버드 경영대학원의 로자베스 모스 캔터(Kanter) 교수는 이처럼 거대 기업이면서도 마치 벤처기업처럼 민첩한 기업들의 특징을 뽑아봤다. 한 가지 공통점이 있었다. 그건 회사 전체가 보다 큰 가치, 가슴을 울렁이게 하는 큰 비전을 공유한다는 사실. 캔터 교수는 이렇게 말했다.

"모든 직원이 보다 큰 가치를 공유하게 되면 일선에서 어떤 문제에 부딪혀도, 본사로부터 아무리 떨어진 곳에서 일하더라도 자발적으로 문제의 해결을 주도하게 된다."

필자는 큰 비전의 역할을 공명(共鳴)에서 찾는다. 구성원들이 '같이 울어야' 날렵한 공룡이 될 수 있다.

1990년대까지 소니(Sonny)는 오늘날의 애플처럼 혁신의 상징이었다. 그들에게는 세계 최초라는 타이틀이 많았다. 1959년 트랜지스터 TV, 1982년 CD 플레이어, 1990년 8㎜ 캠코더까지 혁신은 주기적으로 이루어졌다. 우리나라 기업들은 선두주자 소니를 혁신기업의 롤 모델로 삼고 벤치마킹을 시도했다. 그러나 오늘날 소니는 여전히 공룡이지만 민첩함을 잃어버렸다. 무엇이 혁신기업 소니의 발목을 잡았을까?

전문가들이 입을 모아 지적하는 게 있다. 바로 '자사 표준'과 '관료주의'다. 달리 말해 '소니가 만들면 다 팔린다.', '우리가 최고다.'라는 착각과 자만이 화를 자초한 셈이다. 이와 함께 기술자들이 시대의 변화를 유연하게 받아들이려 하기보다는 자기 부서 챙기기에 바쁜 관료로 변해 갔다.

혁신 전문가로서 필자가 좋아하는 문구가 하나 있다.

"It is not the strongest who survive, nor the most intelligent but those who are most responsive to change(생

존하는 사람은 힘이 센 사람도, 아주 영리한 사람도 아니라 변화에 잘 대응을 하는 사람이다.)."

필자는 이 문장을 한마디로 '혁자생존(革者生存)'이라고 부른다. 즉 변화와 혁신을 주도하는 자만이 살아남는다는 이야기다. 이건 다윈이 진화론을 발표한 이래 불편의 법칙이 되었다.

그렇다면 당신이 혁신형 직장인이 되기 위해선 무엇을 해야 할까? 당신의 생각을 7가지로 물들이면 된다. 이름 하여 〈색7하기〉다.

7-1 : Try! 무엇이든지 시도하자

개구리 세 마리가 우유 통에 빠졌다. 첫 번째 개구리는 우유 통에 빠진 자신의 운명을 비탄하다가 죽음을 맞았다. 두 번째 개구리는 신에게 매달렸다. 기적을 일으켜 자신을 구해달라고 기도하고 또 기도했다. 그러나 죽을 때까지 기적은 일어나질 않았다. 세 번째 개구리는 달랐다. 이대로 죽을 수 없다고 마음먹고 필사적으로 우유 통에 매달려 허우적거렸다. 마침내 우유는 버터로 변했고, 개구리는 굳은 버터를 딛고 통 밖으로 빠져나올 수 있었다. 절박하다고 느꼈다면 주저하지 말고 시도해보자. 'Try'가 혁신의 씨앗이다.

7-2 : 잣대를 버려라

유목민의 특성은 이동성과 도전 정신에 있다. 이들은 한 곳에 안주하지 않고 항상 변화와 새로움을 추구한다. 밀림의 왕자 타잔도 새로운 줄을 잡기 위해 전에 잡고 있던 줄을 과감히 놓는다. 기업체나 직장인도 똑같다. 과거의 성공경험을 과감히 버려야 경쟁에서 살아남을 수 있다. 이를 위해 낡은 잣대를 떨쳐버려야 한다. 2010년의 자로 2020년을 재어서는 안 된다.

7-3 : 틀을 깨라

강철왕 카네기는 직원 채용시험에서 포장된 물건의 끈을 푸는 문제를 냈다. 시험이 끝난 뒤 카네기는 매듭을 찾아서 차근차근 푼 사람은 불합격시키고, 끈을 단칼에 잘라 낸 사람들을 합격시켰다. 카네기는 지식보다는 지혜, 즉 사고의 유연성을 테스트해 본 것이다. 남과 다른 생각을 하는 사람, 창조적인 생각을 가진 사람이 그가 필요로 하는 인재였다. 관중규표(管中窺豹)라는 사자성어가 있다. '좁은 관을 통해 표범을 본다.'라는 말이다. 좁은 통으로 우리가 볼 수 있는 건 표범 무늬밖에 없다. 전체를 넓게 보려면 통을 치워야 한다. 혹시 지금도 자신의 고정된 프레임으로 세상을 보고 있지 않는가? 그렇다면 우선 틀을 한번 깨보자. 이건 깨도 전혀 아프지가 않다. 그냥 깨면 된다.

7-4 : 일등기업 증후군을 조심하자

일등기업 증후군이란 게 있다. 대략 3가지로 설명된다. 첫째, 창의적 사고가 멈춰버린 두뇌 장애다. 생각 대신 습관이 일한다. 둘째, 한 치 앞만 내다보는 근시 장애다. 눈앞에 펼쳐진 일이 다음에 어떤 일로 이어질지 모른다. 그래서 일이 많아 보이고, 난잡해 보인다. 셋째, 남보다 항상 뒤처지는 행동 장애다. 조직이 돌아가는 판을 대충 안다. 적당히 행동한다. 요리조리 눈치코치 보면서 꼼지락거린다. 어제까지 열심히 달려서 오늘 일등기업의 지위를 누리지만 내일은 뒤따르는 경쟁자에게 추월당한다.

7-5 : 쉬운 길을 가지 말자

날개 없는 선풍기를 개발한 사람은 영국 다이슨 사의 창업자 제임스 다이슨이다. 그의 실패담은 에디슨을 닮았다. 그는 날개 없는 선풍기를 개발하기 위해 수천 번의 실패를 자초했다. 영국 다이슨 본사에 가면 이런 문구가 적혀 있다. "전기를 이용한 최초의 선풍기는 1882년 발명됐다. 날개를 이용한 그 방식은 127년간 변하지 않았다." 그는 127년간 어느 누구도 생각지 않은 어려운 길을 택해서 인류 최초로 날개 없는 선풍기를 발명했다. 변화와 혁신에는 위험부담이 따른다. 야구의 신으로 불리는 김성근 감독의 말이다. "어떤 길로 가야 하는지 헷갈릴 때는 어려운 길을 택하라." 쉬운 길은 당신 말고도 갈 사람이 많다.

7-6 : 오답 노트를 만들자

제언이다. 일터의 오답 노트를 만들어 보자. 학창시절 공부 잘하는 친구들의 남다른 노력 가운데 하나가 오답 노트다. 학생에게 공부의 오답 노트가 있다면 직장인에게도 일의 오답 노트가 있다. 오답 노트는 어떻게 만들까? 3천 원짜리 노트 하나 장만한다. 표지에 '일터의 재발견'이라고 쓴다. 여러분이 종일 몸담고 있는 일터에서 일어났던 잘못된 일들을 메모하고 이를 개선할 수 있는 혁신 아이디어를 적는다.

7-7 : 당신의 Y값을 극대화하자

스파르타는 고대 그리스의 수많은 도시국가 가운데 최강의 도시였다. 이곳에서는 엄격한 교육을 통해 전사를 배출했는데 이를 스파르타 교육이라고 한다. 스파르타 지휘관들은 전사에게 이런 식으로 교육을 시켰다. "검이 짧다면 한 발짝 더 빨리 적진 속으로 들어가라. 문제는 검이 아니라 한 발짝 더 앞서는 정신이 있느냐 없느냐 하는 것이다." 명필은 붓을 탓하지 않는다고 하는데 스파르타 전사의 정신도 이와 같다. 현재의 조건을 탓하지 않는 정신이 성과를 만든다. 이런 자세가 필요하다. "아마 이건 우리 업종에서 최초일걸? 아니 이건 우리나라 최고일걸?" 그런 마음일 때 우리는 Y값, 즉 성과를 극대화시킬 수 있다. 성과는 도구가 아니라 정신이 만든다.

직장인은 '발전소가 큰 직장인'과 '변전소가 큰 직장인'으로 크게 구분할 수 있다. 예전엔 발전소가 큰 사람이 성공의 주역이었다. 이들은 자신의 발전 용량만 믿고, 변화를 도모하지 않아서 도태되고 말았다. 이젠 변전기능이 큰 사람이 주역이 되는 세상이다. 이들은 학력 등 딱히 내세울 게 없지만 자신의 변전소를 풀가동해 성과를 이끌어낸다. 그렇다면 변전소가 큰 사람은 누구일까? 현실에 안주하지 않고 새로움을 시도하는 이른바 '사고치는 사람'이다. 이들은 모험과 도전을 밥 먹듯이 한다. 혁신형 직장인이란 바로 이런 사람들이다.

2
무엇을 바꿀 것인가?

마누라와 자식 빼고는 다 바꾸라. 이건희 회장 말이다. 그의 말을 뒤집어보면 바꾸지 말아야 할 게 있다는 뜻이다. 무엇이 마누라와 자식에 해당하는 것일까?

기업으로 치면 비전이나 미션 또는 핵심가치가 여기에 해당된다. 가정으로 보면 가훈이나 가풍 같은 것이다. 항해하는 배로 보자면 목적지나 다름없다. 선장 마음대로 목적지를 바꿔서는 안 된다. 인간관계도 매한가지다. 신뢰만큼은 바뀌어서는 안 된다. 미국 화이자 제프 킨들러(Kindler) 회장은 이렇게 말했다.

"기업은 뭔가 어려운 때일수록 '우리가 왜 존재하는지, 도대체 우리가 세상을 위해 뭘 하고 있는지' 끊임없이 되새겨야 한다. 존재 이유가 분명해야 조직원들 사이에 위기를 돌파해야겠다는 강한 모멘텀이 생긴다."

그러면 마누라와 자식 말고 바꾸어야 할 것은 무엇일까?

항해하는 배는 항상 최적의 조건에서 항해할 수 없다. 때로는 태풍도 맞는다. 때로는 큰 파도도 닥친다. 예상치 못한 암초도 있다. 이럴 땐 운항방법과 경로를 바꾸어야 한다. 그렇지 않으면 목적지에 도달하기 전에 좌초할 수 있다. 마찬가지로 기업도 목표달성을 위해서는 상황에 따라 전략을 수정해야 한다. 염재호 고려대 총장이 연세대 특강에서 이렇게 말했다.

"엄마 말 절대 듣지 마세요."

엄마는 못 바꿔도 엄마 말은 바꿔야 한다. 대입까지는 엄마가 정한 방향대로 살았지만 막상 대학에 온 자식이 보기에 세상은 너무 빨리 변하고, 엄마 말과는 다른 게 분명히 있다. 그러므로 엄마 말 절대 들으면 안 된다.

반대로 마누라와 자식만 바꾼다면 어떻게 될까. 즉 변해야 할 것은 변하지 않고 변치 말아야 할 게 변한다면? 항해하는 배가 수시로 목적지를 바꾼다면 얼마나 힘들겠는가? 태풍이나 암초를 만나도 항로를 변경하지 않으면 얼마나 위험천만하겠는가? 기업으로 바꾸면 사장이 매년 비전과 미션을 바꾸면 어떻겠는가? 기업이 수시로 비전을 바꾼다면 구성원은 방향을 잃고 엉뚱한 일에만 시간을 쏟게 된다. 이런 기업이 장수할 리 없다.

바꾸어야 할 것을 바꾸는 게 혁신이다.

회전초밥집의 역사는 60년 정도다. 처음 시라이시 요시아키라는 요리사가 맥주공장 컨베이어벨트를 보고 아이디어를 떠올렸다. 그는 10년간 생각을 발전시켜 1958년 오사카에 회전초밥집을 오픈했다. 오픈 당시에는 신기한 구경거리 정도에 불과했다. 그러다 1970년 오사카 만국박람회를 맞이한다. 당시 오사카 만국박람회의 주제는 자동화기술이었는데 박람회 구석에 회전초밥집이 부스를 설치했다. 기술과 음식의 결합은 매스컴의 관심을 끌게 되었고, 회전초밥집은 대박을 친다. 이후 1974년 뉴욕에 해외 1호점을 오픈하면서 초밥은 태평양을 건너 미국인들에게도 인기를 끌었다.

시라이시 요시아키는 처음 초밥을 파는 요리사였으나 이후에는 회전초밥집을 파는 사업가로 신분이 달라진다. 그는 초밥이라는 바꾸지 말아야 할 것을 중심에 놓고, 서비스를 바꾸는 혁신을 택했다. 이 선택으로 초밥은 일본 열도를 넘어 세계 전역으로 퍼지게 되었고, 본인도 성공한 사업가가 되었다.

3

피 냄새를 맡아라

　에스키모인들이 늑대를 잡는 아주 간단한 방법이 있다. 날카로운 창에 동물의 피를 묻혀 들판에 세워두는 것이다. 냄새를 맡고 늑대가 모여들면 혀로 창끝을 핥는다. 추운 날씨 때문에 혀가 마비된 늑대들은 자기 혀에서 피가 스며 나와도 느끼지 못한다. 늑대는 누구의 피인 줄도 모른 채 계속 창끝을 핥다 비극적 죽음을 맞이한다.

　감각이 무뎌진 자는 자기 피를 핥는 늑대와 다를 바 없다.

　도태하는 직장인들, 즉 퇴출당하는 유형을 보면 대개 다음과 같이 세 가지로 나뉜다. 우선 '부품형'이다. 이들의 신조는 '그냥 내 일만 하면 되겠지.'다. 누가 뭐라고 하든 자기 일만 하면 된다며 스스로를 부품으로 취급하는 우리 곁의 수많은 일꾼들이다.

다음은 '시계추형'이다. 상사가 시키는 일만 하는 사람들로 노예근성을 가진 이들이다. 이들은 시계추처럼 정한 틀 안에서만 움직인다.

끝으로 '천수답형'이 있다. 무사안일주의에 빠진 사람들로 '어떻게든 되겠지.' 하고 자기 운명을 남의 손에 맡겨 둔 채 무사태평하게 살아가는 사람들이다.

이 세 부류의 사람들은 자신의 코끝으로 전해지는 피 냄새를 못 맡을 만큼 무뎌 있거나 혹은 피 냄새를 맡아도 자기 냄새인 줄 모른다는 공통점이 있다.

땅속에 사는 짐승들은 지진 징후를 가장 먼저 포착한다. 지진 징후를 감지한 동물들은 그래서 1주일 전부터 수선을 떨며 대이동을 한다. 그게 그들이 자연재해로부터 종을 지키는 방식이었다.

우리에게도 땅속 동물의 지혜가 필요하다. 다음 체크리스트가 도움을 줄 것이다.

| 위기 포착 체크리스트 |

1. 조직에서 배울 것이 별로 없고 일이 신선하게 느껴지지 않는가?
2. 상사와의 의사소통이 점차 일방적으로 변해 가는가?
3. 과거에 비해 당신이 행동하는 게 덜 자유로운가?
4. 업무분장을 통해 일이 줄어들었거나 아니면 변두리 업무를 맡지 않았는가?
5. 자꾸 짜증이 나고 일손이 잡히지 않는가?
6. 대대적인 구조 조정이 지금도 진행 중인가?
7. 더 이상 당신에게 사내 소식이 들리지 않는가?
8. 회사의 주요 결정사항이나 소문을 늦게 듣는 편인가?
9. 회사에 나간다는 생각만으로도 끔찍한가?
10. 일요일 밤이 되면 월요일 출근이 두려운가?
11. 당신의 먹고 자는 습관이 변했는가?
12. 동료들과 함께 어울리는 횟수가 줄지 않았는가?
13. 주변 사람이 당신이 우울해 보인다고 지적하는가?
14. 어떤 비전이나 목표가 없어진 지 오래 되는가?
15. 움직이는 일은 무엇이든 싫은가?
16. 퇴직을 하고 싶은 충동이 잦은가?
17. 동료들과 모임 등에 나가지 않은 지 오래 됐는가?
18. 자주 멍 때리는가?
19. 특히 배우자와 다투는 일이 잦아졌는가?
20. 생각이 자꾸 부정적으로 변하는가?

스무 가지 질문 중에 해당되는 게 많다면 바짝 긴장해야 할 때다. 당신은 지금 당장 〈셀프 구조조정 작업〉에 돌입해야 한다. 사각지대를 메우고 당신을 업그레이드해야 한다. 지금 당신의 관심사가 무엇이든 다시 자기 자신으로 돌아와야 한다. 취미도 좋고 가족도 중요하지만 나를 챙기는 데 적극 나서야 한다. 설령 욕을 얻어먹더라도 시치미를 뚝 떼고 일단 나부터 챙기자. 나를 업그레이드를 할 수 있는 참 쉬운 3가지 방법을 소개한다.

첫째, 나를 제대로 보기

대개 직장인들은 자신의 경쟁력이 다른 사람보다 뛰어나다고 생각한다. S기업이 임직원 150명을 대상으로 직장인의 경쟁력에 관해 설문조사를 실시했다. 결과에 따르면 응답자의 72%가 '평균 이상의 경쟁력을 갖고 있다', 13%는 '다른 사람보다 뛰어나다'고 응답해 전체의 85%가 자신의 경쟁력을 높게 평가하고 있는 것으로 조사됐다. 누구나 이처럼 자신에겐 관대하기 마련이다. 그러나 당신의 몸값은 당신이 정하는 게 아니라 시장이 정한다. 시장이 보는 당신의 몸값은 얼마인가?

둘째, 초심으로 돌아가기

직장에 첫발을 내디딘 신입사원 시절을 생각해보자. 그땐 꿈도 있고, 야망도 나름대로 있었을 것이다. 그런데 조직과 현실의 맵고 쓴 맛을 하나둘씩 경험하다 보니 꿈이고 야망이고 모두 사라진다. 이미 현실과 타협하는 습관이 몸에 배었다. 닳고 닳은 샐러리맨이 되었다. 다시 한 번 신입사원 시절 사령장을 받고 현업에 배치되었을 때로 돌아가 보자. 그래서 흐트러진 마음을 추스르고 애사심을 북돋고, 적극적으로 조직과 일심동체가 되려고 노력해 보자. 조직은 애정을 주는 이에겐 그에 상응한 보상과 보호막을 부상으로 준다. 초심으로 돌아가라.

셋째, 튼튼한 내공 쌓기

직장인들에게 입버릇처럼 하는 말이 있다. "집에서 새는 바가지 밖에서도 샌다." 집에서 새는 바가지는 밖에서도 성공할 수 없다. 새는 바가지가 되지 않으려면 내공을 더욱 다져야 한다. 물론 당신이 다져야 할 내공은 다른 데 있는 게 아니다. 당신이 하는 일이어야 하고, 당신이 속해 있는 직장에서 해야 한다. 내공이 크면 클수록 당신은 직장에서 더욱 더 오래 버틸 수 있게 된다.

오늘 퇴근길에 별 다방이든 콩 다방이든 주변에 있는 커피숍에 가라. 창가 옆에 베이스캠프를 쳐라. 그리고 잠시라도 짬을 내어 무뎌진 감각을 라식 수술하기 위한 시간을 가져라. 지금 똑똑 떨어지고 있는 피 냄새부터 맡아보자.

4
잉여인간 시대를 극복하는 법

　성공의 세계에서는 모든 걸 다 잘하면 좋겠지만 그렇지 않아도 된다는 묘한 법칙이 있다. 누구나 한 가지 정도 장점을 갖고 있기 마련인데 직장인들은 대개 이 한 가지를 찾지 못한다.

　프로야구는 미국과 일본을 대표하는 공통 스포츠이지만 그러나 훈련 방식이 다르다. 일본 코치들은 선수들을 보면 우선 단점부터 찾아 이를 고치는 데 주력한다. 반면 미국 코치들은 선수의 단점보다는 장점에 주목하여 이를 극대화하는 방법을 찾는다. 특히나 미국 코치들은 선수의 단점 같은 것은 아예 언급조차 하지 않는다고 한다.

미국 코치들이 이렇게 하는 이유는 프로의 세계를 바라보는 그들만의 시각 때문이다. 장점 하나라도 극대화해서 비장의 무기로 만들어야 메이저리거가 될 수 있는 기회를 부여받기 때문이다. 단점을 고쳐서 더 완벽해진다? 그럴 시간이 없다.

직장인의 세계에서는 미국식 접근법이 더 유용하다고 말하고 싶다. 물론 팔방미인이면 더할 나위 없이 좋겠지만 그게 아니라면 하나라도 똑 소리 나게 해보자. 일명 '장점 극대화'다.

어느 눈먼 소년이 있었다. 친구들이 같이 놀아주지 않아 소년은 외롭고 쓸쓸한 시간을 보내야 했다. 그러던 어느 날 소년의 인생을 완전히 뒤집어 놓는 작은 사건이 벌어졌다. 학교에서 수업을 하던 중 교실에 쥐가 한 마리 나타났다. 그 쥐는 어디로 숨어 들어갔는지 도무지 행방이 묘연했다. 물론 쥐 때문에 수업은 엉망이 되었다. 그때 선생님이 눈먼 소년에게 '너의 특별한 청력을 사용하여 쥐가 어디에 있는지 찾아보라'고 말했다. 아이들은 눈 멀쩡한 자신들도 못 찾는데 어떻게 눈먼 아이가 찾아낼 수 있느냐며 오히려 선생님을 이상하게 쳐다보는 눈치였다. 그런데 눈먼 아이는 자신의 귀를 믿었고, 쥐가 어디에 있는지 알아냈다. 그 소리는 교실 구석의 벽장에서 새어 나오고 있었다. 쥐는 금세 잡혔다. 수업을 마친 후 선생님은 눈먼 아이를 불러 이렇게 말했다.

"넌 우리 반의 어떤 친구도 갖지 못한 능력을 갖고 있구나. 너에겐 이 세상에서 가장 특별한 귀가 있단다."

이 말은 소년의 인생을 바꾸어 놓았다. 선생님의 격려에 고무된 소년은 귀로 할 수 있는 일, 음악을 더욱 사랑하게 되었다. 이뿐 아니라 맹인이라는 사실도 살아가는 데 결코 방해거리가 될 수 없다고 믿게 되었다. 이 소년은 소리에 예민하게 반응하는 그의 뛰어난 청력을 부단히 갈고 닦아 세계적인 뮤지션이 된다. 그가 바로 'I just called to say I love you'라는 곡으로 전 세계를 열광시킨 맹인가수 스티비 원더다.

모차르트나 베토벤의 음악을 들을 때 그들이 지녔던 '약점'에 주목하는 사람이 과연 몇이나 될까? 위대한 인물들은 완벽한 사람들이 아니라 자신이 잘할 수 있는 일에 집중했던 사람들이다.

도무지 지는 걸 싫어하는 고집쟁이 남자 아이가 있었다. 그 아이는 유달리 승부 근성이 강해서 게임이라도 할라치면 이를 악물고 싸웠고, 지면 엄청나게 화를 냈다. 아이의 부모는 아들의 옹고집 성격에 늘 걱정하면서 살았다. 그래서 부모는 아이에게 늘 이렇게 말했다.

"앞으로 살아가려면 지는 법도 배워야 한다. 이기는 게 중요한 게 아니야. 무엇보다 함께 어울릴 줄 알아야 훌륭한 사람이 된다."

그러나 그토록 지기 싫어했던 꼬마 소년은 당대 최고의 스포츠맨으로 정상에 우뚝 서게 된다. 과연 그 소년은 누구일까? 독일 국가대표 출신의 골키퍼 올리버 칸이다.

장점 극대화 전략은 엄청난 결과를 낳는다.

그렇다면 자신의 장점을 찾으려면 어떻게 해야 할까? 그다지 어려운 일은 아니다. 잠깐 시간을 내서 당신이 주변 사람들에게 자주 말하는 내용을 한번 곰곰이 생각해 보자. 다음, 그 내용에 집중하자. 여기에 당신의 장점이 숨어 있다. 그 장점은 당신이 가장 잘할 수 있는 일이다. 그 일을 선택해서 집중한다. 그렇게 집중하면 자신만의 코드를 잡아 낼 수 있고, 그 코드는 성공 DNA가 된다. 이 '성공 DNA'로 자신의 '성장엔진'을 만든다. '성장엔진'을 갖추었다면 차체를 조립하고 바퀴를 달아 멋진 차를 만들어 보자.

21세기는 흔히 '잉여품의 세상'이라고 말한다. 남아도는 물질이 존재한다는 말이다. 사람도 예외는 아니다. 자칫 당신도 잉여인간이 될 수 있다.

"고만고만한 교육수준으로 고만고만한 아이디어를 내고, 고만고만한 가격과 고만고만한 품질의 제품을 생산하는, 고만고만한 직원을 채용하는 고만고만한 회사가 넘쳐 나는 것이 '잉여사회'다."

이런 사회에서 생존하려면 '고만고만함'을 뛰어넘어야 한다. 어떻게 해야 할까?

"W이론에 토끼와 거북의 경주 이야기가 있다. 발 빠른 토끼가 방심하고 낮잠을 자고 있는 사이에 발걸음이 느린 거북이 쉬지 않고 기어서 경주에서 이겼다는 이야기다. 그러나 요즘 토끼는 낮잠을 자지 않는다. 토끼를 이기려면 어떻게 해야 하는가? 토끼가 지나간 길을 무작정 뒤쫓기보다 토끼가 나중에 찾아 올 절벽 밑의 풀밭을 미리 내다보고 목과 손발을 몸속에 집어넣고 절벽 밑으로 몸을 굴려 이기는 방법을 마련해야 한다. 지금은 쉬지 않고 뒤쫓던 거북보다는 몸을 굴리는 엉뚱한 거북의 용기와 지혜가 필요하다."

이면우 교수는 저서 〈생존의 W이론〉에서 고만고만함을 뛰어넘는 방법으로 절벽으로 몸을 굴리기를 말하고 있다. 죽을 각오를 하라는 뜻은 아니다. 거북이가 잘할 수 있는 방법이 몸 굴리기니까 그것으로 승부를 보라는 얘기다.

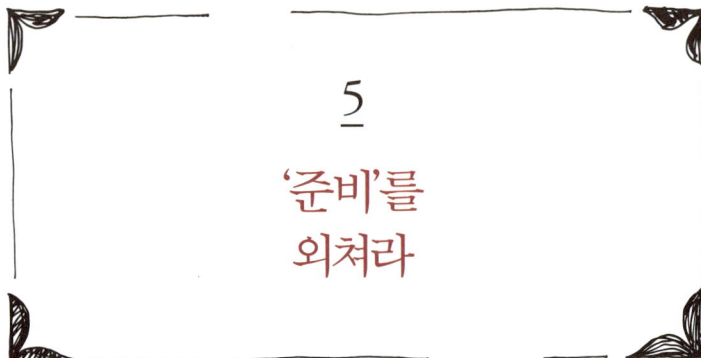

5
'준비'를 외쳐라

다들 어렵다고 한다. 그런데 말로만 중지를 모을 뿐 실제로는 대비책이 없다. 한 외국계 컨설팅사 한국 대표가 이렇게 말했다.

"모두가 알고 있는 문제는 리스크가 아닙니다. 무방비 상태로 있다가 당하는 게 진짜 심각한 리스크죠."

그는 몇 년 전에 우리나라 경제를 '냄비 속 개구리'에 비유한 적이 있다. 잘 아는 것처럼 냄비 안에 있는 개구리는 물이 뜨거워지는 줄 모르다가 서서히 끓는 물에 죽어 간다. 마치 그런 개구리처럼 우리나라 경제에 닥쳐올 엄청난 변화에 대비하지 않으면 큰 위기에 빠진다는 골자였다.

임원 대상 강의를 나간 적이 있다. 그때 임원들은 앞으로 닥쳐올 위기 등을 언급하면서 구성원들에게 허리띠를 졸라매야 한다고 주문하고 있었다. 그런데 사람들의 반응은 너무도 동떨어져 있었다.

"도대체 왜 그러는 거지? 지금 일이 얼마나 많은데."

"다 엄살이야."

"월급을 올려주지 않으려는 속셈이지."

구성원들은 수주 잔량이란 개념에 무관심했다. 조선이나 건설업에서는 수주 잔량이란 표현을 쓴다. 예컨대 건축물은 짓기 시작해서 완성할 때까지 공사기간이 3년 정도라고 치면 지금 할 일이 많다는 건 3년 전에 수주해온 일이라는 말이다. 만일 수주 잔량이 제로라면 지금 바쁘게 하고 있는 그 일이 끝나면 할 일이 없어진다는 말이다. 그런데도 구성원들은 별다른 위기의식을 느끼지 못하고 있었다. 현실에 나타난 냄비 속 개구리들이었다.

직장인을 4가지 유형으로 나눠보자. 먼저 〈Must 형〉이다. 이 사람들은 '해야 할 일만 합니다.'라고 말한다. 다음은 〈Can 형〉이다. 이들은 '할 수 있는 일만 합니다.'라고 말한다. 또 〈Want 형〉이 있다. '하고 싶은 일만 합니다.'라고 외치는 부류다. 끝으로 〈All 형〉이다. 이들은 '할 수 있는 것, 하고 싶은 것, 해야 할 것을 다 한다'고 말한다. 누가 성공이라는 열매를 먹을까? 답은 쉽지만 행동은 어렵다.

〈인생 행복론〉의 저자 데일 카네기는 사무실에 풍경화 그림을 걸어두었다. 바닷가의 풍경인데 썰물 때인지 낡은 배 한 척이 모래톱에 덩그러니 놓여 있는 그림이었다. 왜 이 황량한 바닷가 모습의 그림을 걸어둔 것일까? 답은 그 아래 적힌 글귀에 있다.

"반드시 밀물 때가 온다."

김석년 목사는 이렇게 말했다.

"요즘 어렵고 힘들게 살아가는 이들이 주위에 너무 많아 안타깝습니다. '어떻게 지내십니까?' 하고 물으면 '그저 숨 쉬고 있을 뿐입니다. 아니, 숨만 쉬어도 다행입니다.'라고 대답합니다. 그러나 숨만 쉬어서는 안 됩니다. 지금이야말로 미래를 준비해야 할 때입니다."

경주 최 부잣집에는 '처세육연'이라는 가훈이 있다. 추측하다시피 여섯 가지 태도를 의미한다. 첫째는 자처초연(自處超然)이다. 자신이 처한 곳에 얽매이지 말고 초연하라. 둘째는 대인애연(對人靄然)이다. 남을 대할 때는 화기애애한 사랑의 마음으로 대하라. 셋째는 무사징연(無事澄然)이다. 일이 없을 때는 물이 맑은 것 같은 마음을 유지하라. 넷째는 유사감연(有事敢然)이다. 일이 있을 때는 과단성 있게 행동하라. 다섯째는 득의담연(得意淡然)이다. 뜻을 얻어도 잘난 척하지 말고 담담한 마음을 가지라. 여섯째는 실의태연(失意泰然)이다. 뜻을 잃었어도 태연한 마음을 가지라. 이 여섯 가지 마음 가운데 위기를 느꼈을 때 필요한 것이 넷째, 유사감연이다. 일이 있을 때는 과단성 있게 행동하라.

'유비무환'이라는 낡았으나 유용한 말이 있다. 미리 준비하거나 대비해놓으면 탈이 없다는 말이다. 변화의 세상을 살아가는 어느 누가 이 문장으로부터 자유롭겠는가. 보이스카우트나 걸스카우트 단원들은 무엇인가 시작할 때 오른손을 들어 "준비"라고 크게 외친다. 유비무환을 알고 있다면, 그래서 냄비 속 개구리가 되지 않으려면 '준비'를 외쳐야 한다. 지금 오른손을 들어보라.

6
지는 해는 막을 수 없지만 뜨는 해는 막을 수 있다

자수성가한 K 회장이 이렇게 말했다.

"지는 해는 막을 수 없지만 뜨는 해는 막을 수 있다."

도대체 무슨 뜻일까? K 회장은 젊은 시절 청소업체를 창업했다. 그는 일과를 마치고 야간학교를 다녔다. 주경야독이었다. 그런데 청소업체에게 주어진 시간은 새벽 6시부터 오후 5시까지. 늘 시간에 쫓기다보니 야간학교 시간에 맞춰 등교하기가 어려웠다. 생각을 바꾸었다. 아침 출근 시간을 1시간 정도 앞당겼다. 그가 뜨는 해를 막는 방법이었다.

세계적인 경영컨설팅업체가 우리나라를 비롯해 먹고 살만 한

나라 22개국 직장인 2만 명을 대상으로 일에 대한 '몰입도'를 조사했다. 결과는 충격적이었다.

일에 몰입하는 평균 수치는 21%인데 우리나라는 6%에 그쳤다. 그리고 일에 몰입하지 못하는 경우는 평균 38%인데 우리는 48%였다. 우리나라 직장인의 절반은 업무에 집중하지 않고 빈둥거린다는 얘기다. 구성원의 '몰입도'가 끼치는 영향은 90일 후 회사 매출로 나타난다. 몰입도가 높으면 영업이익이 19% 정도 상승하고, 몰입도가 낮으면 영업이익이 33% 떨어지는 것으로 조사되었다. 지는 해에 터보엔진을 달아주는 격이다.

한 지인이 독일에서 10년 넘게 근무하며 인상 깊었던 장면 하나를 얘기한다. 독일인들의 일에 대한 자세였다. 그들은 비즈니스 미팅을 위해 자리에 모이면 절대 책상 위에 핸드폰을 올려놓지 않는다고 한다. 모 일간지 기자가 독일의 한 자동차 공장을 취재한 적이 있었다. 이 기자는 취재를 이어가는 동안 우리나라 자동차 공장에는 있는데 독일 자동차 공장엔 없는 것 3가지를 찾아냈다. 핸드폰, 잡담, 노사 분규였다. 잘 알려져 있다시피 독일은 전 세계에서 가장 노동생산성이 높은 나라다.

어느 직장인은 직장생활 시절 늘 지키려고 애를 썼던 한 가지 습관이 있다. 퇴근하기 전 10분 동안 책상을 정리하고 'Next 6'를 처리하는 것이었다. 하루를 마감하면서 서류 따위를 서랍에 분류해서 넣는 등 책상 위를 깨끗이 치웠다. 그리고 다음날 해야 할 일을 우선순위에 입각해서 6가지를 정해 포스트잇에 적은 뒤 책상 위에 붙였다. 이게 'Next 6'다. 퇴근할 때 출근을 생각하는 것이다. 내일을 위한 자신만의 업무 환경을 만들고 퇴근하는 셈이다. 그는 지금 대기업의 부사장으로 근무하고 있다.

국내 유명 건축가가 이렇게 말했다.

"좋은 집은 고급 가구와 고급 벽지, 고급 장식으로는 절대 이뤄질 수 없습니다. 그 안에서 식구들끼리 서로 화목하게 사는 것이 가장 좋은 집입니다. 좋은 집이란 건축으로 해결될 수 있는 것이 아닌 것 같습니다."

업무도 마찬가지다. 업무는 환경도 중요하지만 그렇다고 환경에 좌우되지 않는다. 환경 속에 앉아 있는 그 사람의 마인드가 무엇보다 중요하다. 못된 목수가 연장을 탓한다고, 우리에게 필요한 건 하드웨어(Hardware)나 소프트웨어(Software)가 아니라 마인드 웨어(Mindware)다.

"처지가 아니라 의지다."

우리에게 주어진 시간은 24시간이 전부다. 아무리 좋아도 사무실은 사무실일 뿐이다. 공간과 시간을 변모시켜 신명나는 일터를 만드는 일은 돈으로 해결되지 않는다. 어떻게 집중할까, 어떻게 효율을 발휘할까? 그 고민을 실천하는 자가 인생을 바꾼다.

7
가공기술을 바꿔라

　투입량과 산출량의 관계를 표현한 공식이 'IPO 법칙'이다. 'IPO'란 'Input(투입), Process(가공기술), Output(산출)'을 말한다. 당신이 인생에서 성공을 하려면, 즉 'Output(산출)'을 늘리려면 'Input(투입)'을 늘리든지 아니면 'Process(가공기술)'를 바꿔야 한다.

　그러나 'Input'은 대개 바꿀 수 없거나 바꾸기 힘든 것들이다. 학력, 집안 배경, 타고난 재능과 능력을 바꾸려면 다시 태어나거나 장기간 계획을 세워 노력을 기울여야 한다.

　이보다 편리하고 손쉬운 게 'Process', 즉 가공기술을 바꾸는 일이다. 주변의 전문가들이 가공기술로 먹고 살아간다. 그들은 자기 고유의 경험과 체득한 노하우로 먹히는 콘텐츠를 만든다.

가공기술을 바꾼다는 것은 어떤 의미일까?

얼마 전 모 TV 방송에 대기업 CEO의 여자 비서가 등장했다. 그녀의 나이 65세였다. 그녀가 CEO를 모시는 태도와 열정은 인상적이었다. 마치 부인이 남편을 모시듯이 지극정성을 다했다. 말하는 태도나 말투에 진솔함이 담겨 있었고, 표정도 밝아서 보는 이의 눈을 의심케 할 정도였다. 그녀에게 방송 제작진이 질문을 던졌다.

"이 일을 언제까지 하실 겁니까?"

그녀가 답했다.

"나가라고 할 때까지 할 것입니다."

그녀의 말에는 업무에 대한 열정이 흥건히 배어 있었다. 그녀는 누구일까? 우리나라 최고령 여자 비서인 대성그룹의 전성희 이사다. 우리나라 여자대학에는 웬만하면 비서학과가 있다. 전국에 있는 비서학과에서 그녀를 강사로 모셔가느라 안달이라고 한다. 그녀는 비서학을 전공하는 이들에게 하나의 성공 모델이기 때문이다.

그녀가 입버릇처럼 하는 말이 있다.

"커피 타는 것을 싫어해서는 안 됩니다. 커피 타는 것은 집에

오는 손님을 정성껏 대접하는 것 이상입니다. 커피를 나르는 것도 회사 이미지를 나르는 것과 같다고 보아야 합니다. 저는 첫 방문 손님이 커피에 프림과 설탕을 얼마나 넣는지 일일이 메모합니다. 손님이 다시 찾아오시면 그때는 알아서 커피를 타서 드리는데 손님들도 감탄합니다."

대만 최대 갑부였던 고(故) 왕융칭(王永慶) 포모사그룹 회장은 16세 어린 나이에 쌀가게를 하면서 장사를 시작했다. 당시 쌀가게는 흔했다. 그가 살던 동네에만 해도 30개의 쌀가게가 있었다. 반면 그의 가게는 외진 골목에 있어 손님을 끌기 힘들었다. 그는 작전을 짰다. 두 동생을 시켜 쌀에 섞인 이물질을 골라냈으며, 노인 고객에게는 집까지 직접 쌀을 배달해 주었다. 16살짜리도 가공기술이 뭔지 안다.

IMF 시절이었다. KBS의 간판 프로그램 '인간극장'에 서울은행에 근무하는 한 청원경찰이 주인공으로 등장한 적이 있다. 그는 은행원이 아님에도 불구하고 주말이 되면 인근 상가를 찾아다니며 가게 주인들의 애경사는 물론, 사소한 일을 정성껏 도와주었다. 물론 그가 돕는 일이라는 게 궂은일투성이지 결코 폼 나는 일은 아니었다. 그럼에도 그가 정성을 쏟자 300여명의 상가 주인이 예금통장을 들고 서울은행을 찾았다. 이렇게 청원경찰은 자신이 근무하는 은행지점에 300억 원에 달하는 예금을 유치했다.

그가 근무하는 서울은행 석수지점엔 매일 진풍경이 벌어졌다. 고객들이 창구에 줄을 서지 않고 청원경찰 앞에 줄을 선다. 300여 고객은 용역직 직원인 그를 정식직원으로 만들기 위해 탄원서를 썼다. L지점장도 그를 정식 직원으로 만들기 위해, 새벽 4시부터 S은행장 집 앞에서 무릎을 꿇고 청원했다. 그렇게 그는 정식 은행원이 된다. 고객들은 청원경찰인 그를 농담 반, 진담 반 '한 지점장'이라고 불렀다. '친절' 하나로 300억 사나이가 된 주인공이 바로 한원태 씨다. 그의 최종 학력은 중졸이다.

그때가 어떤 시절이었는지 생각해 보면 그의 성과가 달리 보일 것이다. 당시는 IMF 시절이었고, 서울은행이 망한다는 뉴스가 줄을 잇고 있었다. 그러나 고객들은 청원경찰을 믿고 돈을 인출하지 않았다. 그는 여러 은행에서 제안한 거액의 스카우트 제의를 거절했다. 그의 낡은 대학노트에는 1,300명의 고객 명단이 적혀 있었는데 이 명단은 매일 만나는 이웃의 이름들이었다. 그는 석수동 새마을 금고의 지점장으로 일하다가 퇴직했다.

가끔 신문사라든가 방송국에서 인터뷰 요청이 오는데 성공에 대한 정의는 단골 질문 중 하나다. 그럴 때마다 나는 이렇게 말한다.

"성공은 자신이 하는 일로 세상에 기여하는 과정이다."

우리가 세상에 기여하면 아무리 말려도 세상은 우리에게 다가

온다. 가공기술, 즉 프로세스가 다르다는 건 생각처럼 어려운 일이 아닐 수 있다.

미국 댈러스에 사우스 웨스트라는 항공사가 있다. 미국 내 단거리 항로를 운항하는 항공사이기 때문에 타국에는 별로 알려져 있지 않다. 그러나 수익이 만만치 않다. 경영전문지 포천이 매년 발표하는 '미국에서 가장 존경받는 기업'의 단골손님이기도 하다. 흥미로운 건 이 정도 항공사의 신통치 않은 서비스다. 이들에게는 고객 서비스라는 게 없다. 설령 식사시간을 끼고 비행기를 타도 기내식은 없다. 더군다나 전화 예약도 받지 않는다. 공항에 도착하는 순서대로 버스에 올라타듯 비행기에 오른다. 물론 1등석도 없다. 그러나 유일한 장점이 있다. 엄청나게 저렴한 항공료다. 불필요한 서비스를 줄여서 지갑 부담을 덜어내는 것이, 이 항공사가 가장 관심을 쏟는 진짜 고객서비스다.

제약 회사 세일즈맨만큼 힘든 직업도 없다. 이들에게 가장 어려운 일은 약품의 공급 계약에 절대적 영향력을 끼치는 의사들과 대면하기다. 말 한마디 걸기에는 중간 걸림돌이 너무 많다. 그런데 한 세일즈맨이 '독특한 접근 방법'을 생각해냈다. 그는 고객인 의사들에게 다가가기 위해 환자가 되었다. 그는 의사와 직접 대면하기 전까지 자신의 정체를 감췄다. 그는 병원에 전화를 걸어 진찰 시간을 잡았다. 시간이 되면 그는 의사를 방문하여 자신의 문제는 의학적으로 풀 수 있는 것이 아니라고 말한 다음, 의사가 그럼 무엇이 문제인지 물어보면 "의사 선생님, 당신이 문제입니다. 저는 선생님께 투자를 권유하기 위해 진찰비를 지불하고 여기 이렇게 앉아 있는 겁니다."라고 답했다. 이 세일즈맨에 의하면 대부분의 의사들은 자기와 만나기 위해 돈을 지불한 사람의 말을 경청했다고 한다.

  가공이란 특별한 기술이 아니다. 때로는 정성이고, 때로는 작은 것을 살피는 마음이며, 때로는 메모이고, 때로는 진찰비 수준의 작은 돈이다. 그러나 가공기술은 아웃풋의 큰 차이를 만든다.

8
운이 지나가는 그 길에 먼저 가서 기다리는 방법

 어느 기업의 신입사원 채용 면접장에서 있었던 일이다. 면접장에 종이뭉치가 떨어져 있었다. 그런데 참가자 중 아무도 주워서 치우는 사람이 없었다. 오직 한 지원자만이 바닥에 떨어진 종이를 주워서 휴지통에 버렸다. 그 종이엔 무엇인가가 쓰여 있었다. '우리 회사에 입사한 것을 축하합니다.' 몇 년 후, 종이뭉치를 주웠던 그 사람은 이 회사의 CEO가 됐다.
 〈렉서스와 올리브 나무〉, 〈세계는 평평하다〉 등 경제경영 분야 스테디셀러는 물론 퓰리처상을 3번 수상한 뉴욕 타임스의 인기 칼럼니스트인 토머스 프리드먼이 한 신문사와 인터뷰를 가졌다.

"귀하는 세계에서 가장 우수하고 영향력 있는 칼럼니스트로 꼽히는데 기분이 어떻습니까?"

프리드먼이 웃으며 대답했다.

"누가 그러던가요? 나는 자만하지 않습니다. 자만하는 순간 현장에 가기도 싫어지고 취재원도 만나지 않게 됩니다. 제 모토는 '현장에 가지 않으면 모른다.'입니다. 지난 3주간 내가 다닌 도시를 보면 워싱턴, 파리, 다보스, 이스라엘의 요르단 강 서안, 암만, 카타르, 뉴델리, 방가로, 피닉스, 서울이에요. 칼럼의 힘이나 영향력은 확고한 바탕에서 나옵니다. 내 칼럼에 찬성해도 좋고 반대해도 좋은데 '현장을 다녀오지 않았기 때문에 모른다.'는 말은 듣지 않으려 해요. 많이 다녀야 오류의 가능성을 줄일 수 있어요."

투철한 직업 정신이라고 말해도 좋다. 그런데 나는 이런 작은 정성은 '일에 미친 상태', 즉 잡혼(Job魂, 직업에 대한 魂)에서 나온다고 생각한다. 이는 일을 하면서 느끼는 오르가슴 같은 것이다. 혹시 학창시절에 공부를 소홀히 한 것이 후회된다면 지금 다시 해 보는 것도 좋다. 당신이 무엇을 하는지는 문제가 되질 않는다. 대신 그것을 어떻게 하느냐가 문제다. 살아가면서 한번은 무엇엔가 미쳐보자. 그러면 수그러진 당신의 잡혼(Job魂)이 깨어

날 것이다. 사람이 섹스를 할 때만 오르가슴을 느끼는 것이 아니다. 마라톤을 하는 이들에게 이렇게 힘든 짓을 왜 하느냐고 물으면 이들은 러너스 하이를 얘기한다. 즉 10km 정도 뛰면 숨은 차서 죽겠는데 그 순간 온몸에 엔돌핀이 강하게 흐르면서 몸이 편해지는 순간, 심지어 쾌감을 느끼는 순간이 찾아온다고 한다. 그 순간의 쾌감에 중독되면 답이 없다. 의사는 무릎에 이미 무리가 심하니 그만하라고 하지만 주말만 되면 신발을 갈아 신고 달릴 준비를 한다. 마법에 걸리면 힘든 순간은 더 큰 쾌감을 위한 준비 단계가 된다. 이런 상태를 나는 석세스 하이라고 부른다. 이 과정을 밟지 않고선 성공을 말하기는 어렵다. 누구나 석세스 하이를 경험해야 한다. 그러자면 미쳐야 한다.

초등학교 문턱에도 못 갔지만 '제안 2만 4천 6백 12건', '국제발명특허 62개' 등으로 훈장 2개, 대통령 표창 4번, 발명특허대상, 장영실상 5번을 수상한 사람이 있다. 1992년 초정밀 가공분야 명장의 반열에도 오른 이 사람은 대우종합기계의 김규환 명장이다. 그는 어린 시절 '새대가리'라는 별명으로 불렸다. 무엇이 그를 바꾸었을까?

"목숨 걸고 노력하면 안 되는 것이 없다."

그의 좌우명이다. 김 명장은 외국어를 배울 때도 이런 자세로 배웠다고 한다.

"저는 현재 5개 국어를 합니다. 저는 과욕 없이 천천히 하루에 한 문장씩 외었습니다. 하루에 한 문장을 외우기 위해 집 천장, 벽, 식탁, 화장실 문, 사무실 책상 등 가는 곳마다 종이를 붙이고 들여다봤습니다. 이렇게 하루에 한 문장씩 1년, 2년 꾸준히 하니 나중엔 회사를 방문하는 외국인들에게도 업무를 설명할 수 있는 수준까지 되더라고요."

미치지 않은 사람은 꾸준하게 힘들다. 당장 눈앞에 성과가 보이지 않으면, 지레 풀죽어 다른 길을 찾아 헤맨다.

수십 년 전 미국에서 유전이 개발될 때 이야기다. 스탠더드 석유회사의 영업사원 애치볼드는 출장이 잦았고, 늦으면 호텔에 행장을 풀었다. 애치볼드에게는 호텔에 체크인을 할 때 한 가지 습관이 있었다. 숙박계에 인적 사항을 적은 다음, 끝에 '한 통에 4달러 스탠더스 회사입니다.'라고 기록하는 습관이었다. 일이 유난히 많았던 그날, 애치볼드는 호텔에 밤늦게 도착했다. 너무 늦었고, 몸도 지쳤던 까닭에 그는 그날 루틴처럼 적던 문구를 빠뜨렸다. 한참 자고 있던 애치볼드는 꿈속에서 목소리를 들었다. "일어나라 애치볼드! 일어나라 애치볼드!" 꿈자리가 뒤숭숭하여 잠이 깬 애치볼드는 문뜩 숙박계에 문구를 빠뜨렸다는 사실을 알아차렸다. 잠자리를 박차고 나온 그는 잠옷 바람으로 프런트에 내려가서 숙박계를 다시 펼치고 문구를 적고 있다. 마침 노부

부가 호텔에 들어오다가 그 모습을 목격했다. 노인은 궁금했다. "여보게, 청년. 이 늦은 시각에 무엇을 하고 있는가?" 애치볼드가 대답했다. "아, 저는 스탠더드 석유회사의 영업사원입니다. 회사 홍보를 위해 숙박계에 매번 적는 문구가 있는데 오늘은 깜빡 빠뜨려서 다시 적고 있는 중입니다." 이야기를 다 들은 노인이 명함을 꺼냈다. "자네 나랑 같이 일해보지 않겠나?" 그 명함에는 석유재벌 '록펠러'라는 이름이 적혀 있었다. 애치볼드는 훗날 제2의 석유왕이라는 별명을 얻게 되었다.

일에 미쳐 있는 사람들에게 일은 '노동'이 아니라 '습관'이 된다. 습관은 다시 '축복'이 된다. '운칠기삼'은 한국인들이 자주 쓰는 말 중에 하나다. 아마 애치볼드 역시 '운칠기삼'의 좋은 사례로 받아들일지 모른다. 그러나 운칠기삼을 말하는 모든 사람들은 운칠을 만드는 게 기삼임이라고 강조한다. 그 시각에 록펠러가 나타난 건, 애치볼드가 먼저 그 자리에 있었기 때문이다.

미치면 태도가 바뀌고, 태도가 바뀌면 인생이 바뀐다.

9
일하는 독종만 살아남는다

강의 참가자들에게 자주 던지는 질문이 있다.

"여러분, 일이 많으면 좋습니까? 아니면 적으면 좋습니까?"

4050세대는 상대적으로 일이 많으면 좋겠다고 답변하는 경향이 있다. 그러나 전체적으로 보면 일이 많기를 바라는 사람이 적다. 왜일까? 일을 고된 노동으로 바라보기 때문이다.

10여 년 전 IMF가 막 터져서 기업계에 구조조정 바람이 강하게 불 때다. 이때 모든 직장인들에게 가장 소중했던 것이 무엇이었을까? 바로 일이었다. 그런데 아이러니하게도 직장인들은 일을 싫어한다.

그런데 정말 일을 싫어하는 것일까? 일을 줄여주면 좋겠다는 말을 '일을 빼앗아도 괜찮겠냐?'로 바꾸어서 물어보면 어떨까? 보직을 받지 못하거나 아니면 능력부족으로 경쟁자에게 프로젝트를 빼앗기는 경우라면? 프로 스포츠 선수로 따지면 레귤러 멤버에서 벤치 멤버로 강등되는 것과 같다.

한 지인의 이야기다. 그는 구조조정을 당해 1년 동안 보직 없이 회사를 다닌 적이 있다. 그가 말했다.

"물론 일이 없어서 좋았지만 그건 보름을 넘기기가 어렵더라. 일이 없으면 과제도 없고 고민도 없고 천국 같겠지만 그것도 하루 이틀이지. 일이 없으니까 종일 멍 때리고 있어야 해. 컴퓨터를 만지작거리는 것도 한도가 있어. 매일 빈둥거리며 산다고 생각해보라고. 실제로 일없이 1년을 버틴다는 건 너무 힘들어. 정말 기가 막힌 시간이었다."

일이 적으면 좋겠다고 생각하는 건 사람의 본성이다. 그러나 그런 본성이 발현되는 건 배경색이 파란색이었을 때다. 만일 배경이 빨간색으로 바뀌면 그들은 일의 소중함을 알게 된다. 그 빨간색은 누가 만들까? 회사가 만들어주어야 하나? 경기가 다시 힘들어지길 기다려야 하나? 이미 경기는 힘든 시절이 아닌가?

필자의 한 후배 K는 요즘 볼멘소리를 자주한다. 자신이 다니던 회사가 제법 큰 대기업에 병합되었다. 그런데 큰 회사가 되어서 좋기는 한데 문제가 있었다. 야근을 밥 먹듯이 시킨다. 무려 6개월이나 야근이 지속되었다. 후배가 말했다.

"회사를 옮겨야 할 것 같아요. 이건 사는 게 사는 게 아닙니다. 죽을 것 같아요."

후배의 사정을 모르는 바는 아니다. 그러나 '그러는 게 좋겠다'고 답하는 건 선배 된 도리도 아니다.

"너는 지금 대박이야. 너네 회사가 왜 합병을 당했다고 생각하니?"

"글쎄요."

"바로 회사에 일이 없기 때문이지, 무슨 말인지 알겠니? 회사에 일이 없다보니 매출이 줄었을 것이고, 매출이 줄면 수익은 당연히 없었을 거 아냐? 수익이 없으면 회사는 문을 닫아야 하잖아?"

정시 출근, 정시 퇴근이 업무 효율성을 높인 덕분에 달성한 것이었다면 병합이 웬 말인가? 후배의 하소연을 탓하고 싶은 마음은 없지만 이리 보고 저리 보아도 후배에게는 좋은 징조가 아닌가?

이는 당신에게도 똑같이 적용된다. 당신은 일을 좋아하는 편인가? 아니면 일을 좋아하지 않는 편인가? 좋아한다면 문제가 없다. 반면 일이 싫다면 그건 문제가 크다. 마치 축구 선수가 축구

공을 싫어하는 격이고, 음식을 서빙하는 이가 손님만 보면 치를 떠는 것과 같다. 어쩌면 성공자와 실패자 사이엔 이런 간극이 있는지 모를 일이다.

블랙스톤 슈워츠먼 회장은 일중독에 걸린 월가에서도 일벌레로 유명하다. 그는 일흔을 넘긴 나이에도 하루 14시간 넘게 일하는 것으로 잘 알려졌다. 그의 기상 시간은 새벽 5시 30분이고, 취침 시간은 12시에서 1시 사이다.

"성공에 대한 강한 열정과 추진력, 행운이 중요하다. 덕분에 지금 자리에 설 수 있었다."

시간을 내어 냉정하게 당신의 업무량을 체크해보자. 당신이 수행하는 일이 적다면 그건 당신이 조직의 주전이 아니라 후보거나 혹은 보조라는 뜻이다. 또한 당신이 일하는 부서가 일찍 퇴근하는 부서라면 그 부서는 핵심부서가 아니라고 생각하면 된다. 반면에 해야 할 일이 산더미처럼 쌓여 있고, 집에까지 갖고 가야 할 정도라면 당신은 인정받는 주전이다.

그러나 지금부터는 '개처럼 일한다'는 말을 하기 전에 당신의 개가 실제로 하루를 어떻게 보내는지 잠시 생각해보라. 그들은 헌신적인 정신, 충성심과 자제심, 감수성, 애정으로 일할 뿐만 아니라 즐거움과 열정, 행복감으로 일을 한다. 개에게는 주변의 풍경, 냄새, 사소한 움직임까지 모든 것이 흥미롭다. 개에게는 따분한 것이 없다. 개에게는 다른 생물과의 상호작용이 모두 그 나름대로 재미있다. 개는 너무도 많은 것들에게서 재미를 느낀다. 당신이 직장에서 개처럼 일한다면, 다른 사람들이 당신의 존재에서 바로 그런 느낌을 받을 것이다. (매트 웨인스타인, '개처럼 일하라' 중에서)

일의 행복을 맛보아야 한다.

:: **제4계책** ::

기업의
언어(利)를 익혀라

1
그 많던 미사리 카페는 다 어디로 갔을까?

얼마 전 필자가 자주 가는 커피숍에서 원고 구성을 하고 있었다. 카페 주인이 다가왔다.

"선생님, 오늘은 오후 2시경 단체손님이 옵니다. 그래도 괜찮으실까요?"

원고 작업을 하는 데 방해가 될 것 같은데 양해해달라는 얘기다. 나는 '괜찮다'고 대답하고 하던 작업을 이어갔다. 아니나 다를까 한 30분쯤 후 각종 음향기기들이 카페 안으로 들어오기 시작했다. 스피커는 물론 마이크 신디사이저 등을 설치하기 시작했다. 물론 원고는 한 줄도 나가기 힘들어졌다. 철수해야겠다고 생각하고 창밖을 쳐다보고 있는데 한 중년이 와서 죄송하다면서 행사 팸플릿을 건넸다. 이 커피숍에서 열리는 작은 콘서트 소식이었다. 그런데 낯익은 초청가수 이름이 보였다. 박학기였다.

"아니, 이렇게 유명한 가수도 출연하네요?"

"아, 우정 출연이죠. 선생님도 3시에 오세요."

그렇게 대화가 이어졌다. 설명을 들어보니 작은 콘서트는 일종의 졸업 발표회 같은 성격이었다. 그가 가르치는 제자들이 그간 배운 것을 스승 앞에서 선을 보이는 자리였다. 화제는 자연스럽게 하남시 미사리 근처에 있는 '미사리 카페촌'으로 이어졌다.

"아니 그 많던 미사리 카페는 다 어디로 갔나요?"

기다렸다는 듯이 그가 답했다.

"지금 2~3개밖에 안 남았죠. 다 없어졌습니다."

"왜요?"

"예전에는 남이 부르는 노래를 즐기는 분위기가 있었어요. 그런데 요즘엔 반대입니다. 자신이 직접 나서서 노래하고 싶어 하죠. 그러다 보니 카페들이 설 자리를 잃은 것이죠. 좀 다르게 말하면 문화 생태계가 바뀌었습니다."

동아일보 장원재 기자는 〈한반도에서 원숭이가 사라진 이유〉라는 글에서 이렇게 말했다.

"어떤 이유에서든 한반도에선 가혹한 환경 때문에 원숭이가 멸종한 반면 일본에선 대륙과 단절된 상태에서 살아남아 독자적으로 진화했다. 시모키타의 야생 원숭이는 겨울에 눈 위에서 나무줄기 껍질을 뜯어 먹는다. 열매나 나뭇잎이 없으니 궁여지책으로 택한 생존법이다. 덕분에 세계에서 가장 북쪽에 서식하는 원숭이란 명예(?)를 얻었다. 이마이 교수는 최근 실험을 통해 일본 원숭이가 겨울을 나기 위해 쓴맛을 덜 느끼는 방향으로 진화했다는 걸 밝혀냈다. 나가노(長野)현의 원숭이는 겨울이 되면 온천에 들어가 추위를 견디고, 와카야마(和歌山)현의 원숭이는 지역에 자생하는 감귤류를 특히 잘 먹도록 진화했다."

생태계는 혁신이란 단어와 함께 자주 거론된다. 자연이나 경영이나 문화나 그 생태계가 파괴되면 생태계 구성원 역시 사라지고 만다. 필자가 좌우명처럼 삼고 있는 세스 고딘의 메시지가 있다.

"아무리 노력해도 생각만큼 좋은 성과가 나오지 않는다면 그것은 게임의 규칙이 바뀌었기 때문이다. 하지만 그런 사실을 이야기해주는 사람은 아무도 없다. 이제는 새로운 규칙을 배워야 한다."

나는 종종 일본 스모가 승승장구하는 동안 우리나라 민속씨름이 TV 화면에서 사라진 모습을 대비시켜 떠올려 보곤 한다. 왜 그 많던 미사리 카페는 흔적도 없이 사라졌을까? 생태계가 달라지고 게임의 룰이 변하는 것은 우리 주변에서 흔히 나타나는 현상이다. 혁신이 일상이 되어야 한다는 말은 괜히 있는 게 아니다.

생태계 파괴와 게임의 법칙 이야기는 산업교육에도 적용된다. 강사들이 가장 좋아하는 강의, 즉 돈이 되는 강의가 바로 '지자체 특강'이라고 한다. 강의 대상자가 주민인데다가 특별히 어려운 내용을 다루는 것도 아니고 더욱이 강사료가 좋아서 다들 선호하는 편이다. 더욱이 지자체 한 곳에서 소문이 나면 전국 수백 개 지자체가 큰 고객이 된다. 잘만 하면 넝쿨째 굴러들어온 호박이 된다. 그런데 한 강사가 이런 푸념을 늘어놓은 적이 있다.

"아 그 많던 지자체 특강이 다 어디로 갔을까요? 하나도 없네요. 1년에 20~30개는 꾸준히 했거든요."

그 강사는 명강사 축에 들어서 매년 꾸준히 지자체의 부름을 받았다. 그의 푸념의 연원을 따져보면 다시 우리는 달라진 '게임의 법칙'과 만난다. 달리 말하면 요즘 강연이 '지식 전달'이 아니라 '공감'으로 법칙이 바뀐 것을 그는 몰랐다. 법칙이 바뀌자 이제 찾는 강사도 달라진다. 딱딱한 내용보다는 청중과의 호흡이 더 중시되었다. 때로는 개그맨처럼 즐거움을 선사해야 한다. 실제로 10년 전 명강사들이 내려온 자리에 연예인이나 쇼 닥터나 TV에 자주 얼굴을 비추는 이들이 대신 들어선다. 강연 시장에 불어온 '인문학', '힐링', '유머' 등의 주제를 그는 납득하지 못하고 있었다.

생태계는 겉으로는 아무런 변화가 없는 것처럼 보일 때가 많다. 그러나 생태계는 살아 움직이면서 성장 발전해간다. 그리고 일정한 상태를 유지한다. 그런데 그 안을 들여다보면 생존을 위한 치열한 경쟁이 빈번이 일어나고 있다. 이런 경쟁을 통해 살아남은 것들이 우위에 서서 생태계를 만들어간다. 즉 게임의 법칙은 매번 새로운 경쟁자의 등장으로 언제든 바뀔 조짐을 품고 있다.

그렇다면 무엇을 해야 할까? 매일경제 손재권 기자는 '생태계 마인드'를 전한다.

"포드 실리콘밸리 혁신센터 관계자는 자신을 찾아온 한국과 이스라엘 기업의 차이를 '생태계 마인드'로 설명했다. 자신을 찾아온 한국인들은 실리콘밸리의 생태계를 잘 이해하지 못하고 접근하고 있다며 안타까워했다. 문제 해결에 관련 없는 사람을 만나 '잘 모르니 해결해 달라, 도와달라'는 식이었다는 것이다. 대기업이나 신생 기업이나 비슷했다. (······) '생태계 마인드'란 구글, 애플, 페이스북, 아마존을 따라하자는 것이 아니다. 거대한 생태계에서 자신들은 어떤 위치에 있는지 어떻게 해야 하는지 인지하고 행동하는 사고를 뜻한다. 혼자는 아무것도 잘할 수 없고 각 분야 간 협업 능력이 핵심인 4차 산업혁명 시기엔 정부도, 기업도, 대학도 '생태계 마인드'를 갖추는 것이 절실하다."

여기에 하나를 덧붙인다면 거대 생태계에서 자신의 위치를 아는 것에서 그치지 않고, 거대 생태계가 움직이고 있다는 사실도 늘 감안해야 한다. 그러자면 지금 생태계에 대한 이해를 높이고, 생태계 구조를 알아야 하고, 누가 생태계의 주도권을 쥐고 있는지 확인해야 하며, 어떤 신흥 도전자가 있는지 주목해야 한다. 생태계를 공부해야 한다.

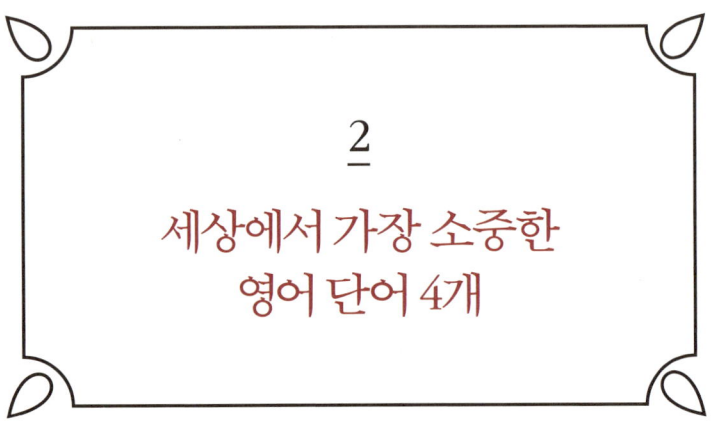

2
세상에서 가장 소중한 영어 단어 4개

"What do you think?"

이 세상에서 가장 소중한 영어 단어 4개다. 국가든 조직이든 가장 소중한 것은 구성원이 지금 무슨 생각을 하고 있는가 하는 점이다. 생각은 모든 것의 시작이고, 모든 결과물의 원인이기 때문이다.

우리나라처럼 교육열이 높은 나라도 드물다. 그 교육열에 힘입어 우리나라는 유례없는 급성장을 이룩하여 '30-50 클럽' 가입을 눈앞에 두고 있다. 30-50 클럽이란 국민소득 3만 달러에 인구 5천만 명을 넘는 국가를 말하는데 여기에는 미국, 영국, 독일,

프랑스, 이탈리아, 일본 등 여섯 나라밖에 없다. 그러니까 2018년 우리나라가 3만 달러에 진입하면 7번째로 30-50 클럽국가가 되는 셈이다.

필자는 우리가 강국이 된 데에는 2가지가 큰 역할을 했다고 생각한다. 하나는 도로, 인터넷, 대학 진학률 등의 하드웨어다. 또 하나는 민주주의나 공정, 문화 등의 소프트웨어다. 그런데 한 가지 부족한 게 있다. 생각력, 즉 마인드웨어(Mindware)다.

생각을 소홀히 하는 경향은 강의 현장에서도 확인된다.

"최고경영자의 올해 경영방침은 무엇입니까?"

청중에게 이런 질문을 던지면 답변이 잘 나오지 않는다. 막내야 그럴 수 있다 쳐도 차장급이나 더러는 부장급 관리자들도 모르는 경우가 종종 목격된다.

마인드웨어는 단지 창의력이 중요하다, 생각이 모든 걸 바꾼다는 걸 말하는 게 아니다. 마인드웨어는 한 목소리, 한 방향을 의미할 때가 많다. 좋은 기업이나 조직들은 하나같이 마인드웨어가 훌륭하다는 공통점이 있다. 그들은 한 목소리와 한 방향으로 정렬한다. 그래서 시너지를 만들고 성과를 낳는다. 이 때문에 오늘날 조직이나 국가에서 가장 소중히 여겨야 할 것은 구성원의 생각이다. 앞으로 마인드웨어는 하드웨어와 소프트웨어를 더한 값보다 더 큰 역할을 할 것으로 기대한다.

조직이라는 울타리를 완성하기 위해서는 '공명(共鳴)'이라는 나무가 필요하다. 리더가 한마디를 하면 모든 구성원들이 한 방향으로 정렬하는 것을 공명이라고 한다. 이렇게 공명을 하려면 리더와 구성원 간에 신뢰가 있어야 한다. 잘나가는 조직은 한 울타리 안에서 하나의 목소리로 운다. 그래야 'One Team'이 되고, 'One Spirit'을 가지며, 'One Goal'을 위해 뛴다.

조직 구성원의 생각은 과거 지향적인 언어가 아니다. 생각은 본질적으로 미래를 향하기 마련이고, 그래서 비전이 된다.

월트 디즈니는 대규모 유원지 '디즈니랜드'를 만들 계획을 세우고 설계 작업에 참여했으나 불행히도 완공 전에 유명을 달리 했다. 완공식이 열리던 날, 누군가 고 월트 디즈니의 아내에게 위로의 말을 전했다.

"참 섭섭하시겠어요. 남편이 이 기쁜 자리에 함께했다면 얼마나 좋았을까요?"

그러자 아내가 말했다.

"아뇨. 제 남편은 이미 완공된 모습을 다 봤답니다."

"디즈니 씨는 완공하기 전에 돌아가셨잖아요?"

"예, 남편은 돌아가셨죠. 하지만 생전에 설계된 대로 완성된 모습을 마음의 눈으로 보시곤 했답니다."

조수용 JOH & Company 대표는 젊은이들에게 이렇게 말했다.

"진심으로 하고 싶은 일, 이 일을 자신의 일로 여기는 마음이 중요하다. 미래의 자신을 상상해보는 내일뉴스를 써보라."

만약 호텔을 짓고 싶다면 5년 후에 완공될 호텔을 미리 상상한다. 완공된 호텔에 기자가 찾아와서 손님들을 인터뷰한다. 손님들이 기자에게 이렇게 대답하면 좋겠다라고 상상을 해본다. 상상은 다시 숙박료, 식사 메뉴, 인테리어로 넘어가고 이런 내용을 담은 잡지를 상상한다. 구성원이 잡지를 보면서 호텔을 어떤 식으로 지을 것인지 알고 한 방향으로 갈 수 있게 만든다.

생각은 미래를 향해 달린다. 그 비전은 공유될 때 힘이 커진다. GE 잭 웰치 회장은 이렇게 말했다.

"우리는 명확한 비전을 가지고 있다. 그리고 이 비전을 나부터 조직의 가장 하위직까지 모두가 공유하고 한 방향으로 나아가야 한다."

나는 강의 도중 수강생들에게 미래를 상상해 보는 수업을 진행한다. 먼저 해결해야 할 과제를 선정하고 문제점을 분석하고 해결대안을 찾는다. 그리고 대안을 실행했을 때 변화된 모습을 상상하게 한다. 그리고 이 내용을 다룬 신문기사를 상상해서 표현해 보라고 요청한다. 미래는 이렇게 만들어진다.

어떻게 하면 우리 조직에 시너지를 한껏 불어넣을 수 있을까? 우리 모두 '널뛰기 선수'가 되었으면 한다. 널뛰기를 생각해 보

자. 내가 높이 오르기 위해서는 먼저 상대를 높이 오르게 해주어야 한다. 나보다는 상사와 부하를, 나의 이익보다는 상사와 부하의 이익을 생각하는 마음이 필요하다. 당신이 상대를 위해 뛰는 만큼 시너지는 만들어진다. 그 모든 시작이 마인드웨어에서 비롯된다.

3
생존하려면 지식전문가가 되라

　자본주의 시대나 산업화 시대에는 토지, 노동, 자본에서 이윤이 나오고 대량 생산 속에서 생산성이 나왔다. 그러나 21세기와 함께 지식경제사회로 무게중심이 옮겨가면서 지식 콘텐츠의 양과 질에 있어서 생산성의 변화가 일어나고 있다. 미국의 경영학자인 톰 피터스는 미래는 개념의 시대(Conceptual Age)라 정의하며 암묵지적인 요소의 창의성을 강조하기도 하였다.

　오늘날 이윤은 지식과 정보에서 창출된다. 고부가가치 산업의 중심에는 사람이 있으며, 우리는 이들을 지식 근로자, 기술자, 전문가라고 부른다. 직장 내에서 지식 전문가는 캐시(Cash)를 만들어 내고 유무형의 자산 가치를 만들어 냄으로써 고객의 이윤을 극대화시켜 준다. 시대는 우리가 지식 전문가가 되기를 요구하고 있다.

'스마일 커브(Smile Curve)'라는 게 있다. 과거에는 제조분야에서 높은 부가가치를 창출했지만 연구개발, 영업, 마케팅, 서비스 등에서 큰 부가가치가 창출된다는 도표다.

나이키나 베네통과 같이 연구개발 조직만으로 성공한 회사가 '스마일 커브'를 증명하는 대표적인 곳이다. 우리나라에도 휴대전화용 메모리 반도체를 설계하는 회사가 존재하는데 이들은 우수한 연구 인력을 데리고 제주도에서 일하고 있다. 나머지 업무는 아웃소싱 업체에 맡긴다. 이들은 직접 제품을 가공하거나 만들지는 않지만 지식 콘텐츠를 창출하고 가공하여 제품과 서비스 개발의 시작점을 설계한다는 특색을 가지고 있다.

지식경제사회를 설명할 때 빠지지 않는 단어가 콘텐츠다. 제조업이 중심이던 때를 컨테이너 시대라고 부른다면 오늘날은 지식콘텐츠의 시대다. 지식 콘텐츠는 '눈에 보이지 않는다'는 특징을 가지고 있다.

〈개미〉의 저자 베르나르 베르나르는 어린 시절, 개미를 관찰했던 경험과 삶에 대한 호기심 어린 탐구의 결과를 연결하여 걸어 다니는 콘텐츠 생산자가 되었다. 게임업체 넷마블은 기존 온

라인 업체와의 경쟁에서 이기기 위해 아바타라는 색다른 콘텐츠를 팔아 수익 모델을 만들었다. 그들이 10대를 겨냥한 시장에서 우위를 차지할 수 있었던 비결이다.

한 전문가가 개발한 지식 전문가로서의 역량을 개발하는 공식이 있다. 일명 'KC(Knowledge Champion)' 역량으로, 공식은 다음과 같다.

$$KC = L \times C \times V + P$$

이를 풀어서 설명하면 다음과 같다.

L : Learning (학습 능력)

C : Contents (콘텐츠 가공, 창조 능력)

V : Value (가치 창출 능력)

P : Profit (수익 모델화)

이 공식은 '학습'에서 시작된다. 김중수 한국은행 총재가 '금요 경제강좌 500회 특강'에서 이렇게 말했다.

"자기 시간의 50%는 읽고, 나머지 50%는 고민하고 사색하는 데 써야 '자신만의 삶'을 살 수 있습니다."

그가 말하는 '자신만의 삶'을 나는 '지식 전문가'로 읽는다. 지식 전문가가 되려면 학습이라는 관문으로 들어가야 한다.

이 공식을 스마트폰 첫 화면이나 책상 앞에 붙여놓자. 지식 전문가가 되지 못하면 21세기는 당신을 버릴 것이다. 누군가 말했듯이, 생각은 쓰면 쓸수록 커지고 부지런히 갈고닦지 않으면 머리에 기름 덩어리가 낀다.

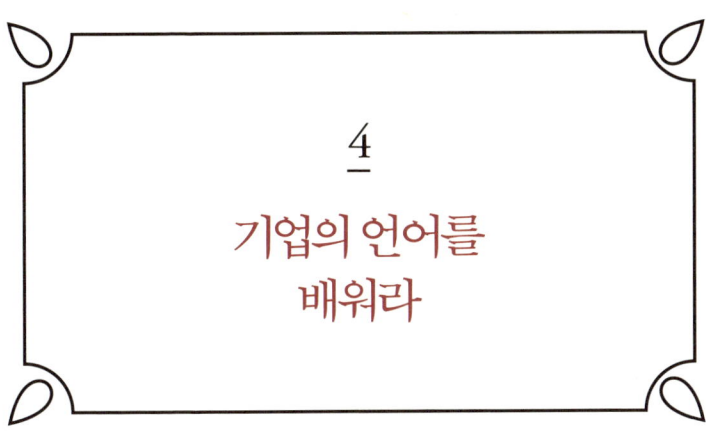

4
기업의 언어를 배워라

 기업에서 소통되는 언어가 있다. 영어일까? 한국어일까? 아니면 일본어나 중국어일까? 아니다. 기업의 언어는 '실적'이다. 단적으로 표현하면 'Company = Cash'다. 기업에선 실적이라는 언어로 소통한다. 다른 건 소용이 없다.

 "기업 경영은 '돈벌이'입니다. 달리 말하자면, 안정과 성장을 지속적으로 이뤄내는 것이죠. 안정을 위해선 망하지 않고 이익을 내야 합니다. 또 성장하려면 매출이 늘어나야 합니다. 기업이 사회공헌에 나서는 것도 결국 매출을 올리고 이익을 내는 데 저항이 없도록 만들기 위해서입니다. 최고경영자부터 말단사원까지 경영에 대해 이렇게 똑같은 정의를 내려야 합니다."

SK그룹 회장을 지낸 손길승 회장이 한 잡지와 인터뷰한 내용이다.

회사 역시 가장 좋아하는 인재는 '돈을 가장 많이 벌어 오는 사람'이다. 회사에도 빈익빈 부익부가 있다. 돈을 벌어 오는 사람은 더욱 부자가 되고, 평범한 사람은 더욱 더 가난해진다. 부익부 직장인이 되려면 일하는 방식을 바꿔 Y값을 극대화해야 한다.

Y값의 극대화를 위해 두 가지가 필요하다. 첫째, 기존의 불필요한 방식을 과감히 줄이거나 버려야 한다.

일본의 T자동차는 일을 '일'과 '헛일', 두 가지로 나눈다. 일이라고 해서 모두 일이 아니라는 생각이다. 가령 당신이 벽에 못을 박는다고 치자. 이 회사에서는 당신이 못을 들어서 벽에 댈 때까지의 준비 작업은 일이 아니고 '헛일'이라고 여긴다. 진짜 '일'은 망치로 못을 벽에 박는 그 순간부터다. 이들은 고객과 관련된 작업만을 '일'이라고 생각한다. 나머지는? 다 최소화해야 한다.

국내에 들어와 있는 한 다국적 기업은 인사, 회계, 구매부서가 없다. 한 직원이 책상을 하나 구입하려고 하면 중국 본사에 구입을 의뢰해야 한다. 한편 회계처리는 싱가포르 본사가 한다. 더욱이 이 회사에는 영업사원이 앉을 책상이 없다. 영업사원의 진짜 자리는 고객사에 있다는 철학 때문이다. 국내 한 제약회사는

1,000명에 달하는 영업사원이 재택근무를 한다. 또한 한 제약회사는 영업사원들이 1주일에 하루만 출근하고 매일 PDA로 업무를 마감한다. 왜 출퇴근을 줄이고, 자리를 없애는 것일까? 기업을 만드는 것은 형태가 아니라 실적이기 때문이다.

일본의 H자동차는 창업 이래 줄곧 사장실이 없다. 큰 사무실에 사장을 비롯한 중역 40여명이 함께 근무한다. 왜 그럴까? 보고서를 한 세트만 만들기 위해서다. 한곳에 있기 때문에 카피본이 필요 없다. 돌려 보면 된다. 커피를 타는 것도 중역이 한다. 커피를 타는 여자 비서는 따로 없다. 너무 심한 게 아니냐 싶겠지만 이 회사는 경쟁사 2곳이 적자에 허덕일 때 유일하게 1,400억 엔 흑자를 냈다.

줄이는 건 그 자체로 회사를 날렵하게 만든다. 그러나 줄이는 진짜 이유는 따로 있다. '생각'을 위해서다.

월스트리트저널이 '가장 영향력 있는 경영의 대가 1위'로 선정한 게리 하멜 런던비즈니스스쿨 교수는 한 신문사가 개최한 세계지식포럼에서 이렇게 말했다.

"조직을 잘게 쪼개라(Break into smaller sub units.)."

게리 하멜은 구글이 200억 달러 시장가치 규모의 회사로 발전한 원동력으로 '4~5명으로만 구성된 소규모 팀'을 꼽았다. 이 소수의 팀이 유기적으로 움직였기 때문에 지금의 구글이 되었다는 생각이다. 단지 줄였기 때문은 아니다. 게리 하멜은 이렇게 덧붙인다.

"몇 백 명의 직원이 한 팀에 있으면 창의성 없이 모두 똑같은 생각만 할 뿐이다."

Y값 극대화를 위해 필요한 두 번째는, 생각의 전환이다.

〈빅 싱크 전략〉의 저자 번트 H 슈미트 콜롬비아대 교수는 이렇게 말했다.

"기업들은 이제 트로이 목마 하나로 오랜 전쟁을 단숨에 끝낸 오디세우스처럼 시장을 단숨에 뒤집는 창조적이고 대담한 아이디어로 승부하라. (중략) 한국 기업은 조직 내 고정관념인 박스 안에서 나와 박스 밖에서 생각하는(Think outside the box) 발상의 전환이 필요하다."

어느 빌딩 주인 이야기다. 느려 터진 엘리베이터로 고객 불만이 이만저만이 아니었다. 빠른 엘리베이터로 교체하자니 돈이 너무 많이 들고 공사기간도 적지 않게 소요된다. 그런데 이 얘기를 들은 청소부가 간단히 문제를 해결했다. 그 청소부는 '엘리베이터 안에 큰 거울을 달아놓자'라고 제안했다. 그러자 사람들은 자신의 모습을 보느라 엘리베이터가 느리다는 사실을 잊었다. 오늘날 모든 엘리베이터 안에 거울이 달린 건 한 사람의 남다른 생각에서 비롯되었다.

당신은 회사에 무엇으로 기여하는가? Y값 극대화는 성과의 질을 한 단계 높이는 데 필수적이다. 기업의 언어로 재무장하자.

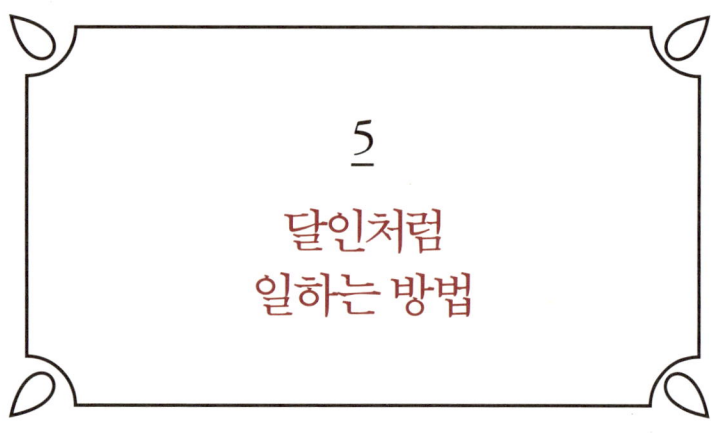

5
달인처럼 일하는 방법

'생활의 달인'은 필자가 가장 좋아하는 TV 프로 중 하나다. 일단 주인공이 보통 사람이라서 좋고, '누구나 성공할 수 있다.', '평범한 당신도 할 수 있다.'는 메시지를 주어서 좋다.

이 프로가 200회가 넘어 장수 프로가 된 이유도 이런 희망적 메시지를 지속적으로 전달하기 때문이리라.

'생활의 달인'은 우리에게 많은 성공 영감을 준다.

첫째, 이 프로의 주인공은 평생 한 가지 일에 열중했다. 이런 집중이 달인의 경지에 오르게 만들었다. 가령 세탁물 나르기, 타이어 쌓기, 드럼통 옮기기, 포장하기, 나무 자르기, 스탬프 찍기,

접시 닦기, 불량품 골라내기…… 일 자체는 지극히 평범하지만 그들의 손길은 범상치 않다.

둘째, 일을 바라보는 그들의 태도다. 돈을 많이 버는 일이 아닌데도 일에 대한 자부심은 대단하다. 잔소리를 들어도 짜증 따위 내지 않는다. 물론 이들도 성공을 꿈꾼다. 그러나 결코 한눈팔지 않는다. 다만 어떻게 하면 일을 더욱 잘할 수 있을지 방법을 찾는 데 열정을 바친다.

한눈팔지 않는 집중과 개선 의지, 이 두 가지가 달인을 만든다. 중앙일보 유광종 기자는 '달인'의 어원을 소개하며 이렇게 말했다.

"〈좌전(左傳)〉에 달인이라는 단어가 처음 등장한다. '성인으로서 덕을 갖췄으나 빛을 보지 못한 사람의 후손 중에는 도리에 통한 사람이 반드시 나올 것(其後必有達人)'이라고 말했다. 달인은 천리를 깨달은 사람의 뜻으로 쓰였다. 통한다는 의미의 '통(通)'과 어디에 이른다는 새김의 '달(達)'은 뜻이 같다. 세상의 물정을 꿰뚫고 사람 사는 이치를 제대로 이해하고 있는 사람이다. 나중에 중국인들은 그 뜻을 '통정달리(通情達理)'로 정리했다. 결국 속 깊게 인생을 살아가는 인물이다."

달인이라는 단어 안에는 그가 삶을 깊게 살아가고 있다는 뜻이 숨어 있다. 우리도 달인이 될 수 있을까? 그러려면 달인들의 일하는 순환법을 체득해야 한다.

순환법은 세 가지 탁월한 기술을 말한다. 바로 읽는 기술, 짜깁기하는 기술, 물고 늘어지는 기술이다. 한마디로 '읽기, 짜깁기, 끈기'의 3기다.

첫째, 읽는 기술이다

달인은 전체를 읽는 눈을 갖고 있다. 이들은 숲을 본 다음에 나무를 본다. 멀리서 산을 먼저 보고, 가까이 가서 자세히 보기 때문에 문제를 잘 찾는다. 나는 이런 사고를 'Big & Good Think'라고 부른다.

한때 나는 학원비를 벌려고 아르바이트를 했다. 마침 전신주를 도로 옆에 세우는 작업에 투입되었다. 전신주를 심기 위해 땅을 팔 때는 원칙이 있다. 위에는 크고 둥글게 파야 한다는 것이다. 그렇게 파야 깊게 팔 수 있기 때문이다. 크고 넓게 시작하지 않으면 작고 세밀하게 구멍을 뚫을 수 없다. 만약 당신이 사원이라면 과장의 시야로, 당신이 부장이라면 사장의 시야로 일과 사물을 보고 접근해야 한다.

전체에 대한 조망도 없이 일을 하는 것은 방향성 없이 노를 젓는 나룻배와 같다. 노를 열심히 저었으니 일을 많이 한 것 같지만 거시적으로 보면 방향 없이 같은 자리를 맴도는 일이 되기 십상이다. 전체를 본다는 것은 방향성을 본다는 말이다. 방향이 있으면 무엇을 어떻게 어디까지 할 것인지 알게 된다.

달인의 경지에 오르는 이들은 전체를 보면서 그 속에 담겨 있는 핵심 역량, 가치, 키워드를 읽어낸다. 그렇게 하면서 선택과 집중을 하게 되고, 또한 중요도와 우선순위를 통해 업무를 진행한다. 이렇게 전체와 효율을 고려하여 업무를 처리하게 되면 전투에서 이기게 되고, 전투에서의 승리가 축적되면 전쟁도 승리로 끌고 갈 수 있다.

그러므로 전체를 본다는 것은 그 속에 담긴 숨은 가치(Hidden Value)를 찾아내는 일이다. 또한 여러 위험 요소를 예측하는 것이다. 그래서 일을 잘하는 사람은 업무를 시작하는 초기에 고민과 생각이 많다.

둘째, 짜깁기하는 기술이다

나는 이 기술을 '디렉토리(Directory) 구조화'라고 부른다. 전체를 보고 나무를 찾아냈다면 그 다음, 행동을 결정해야 한다. 이를 위해 컴퓨터의 디렉토리 구조를 활용한다. 디렉토리는 하나의 파일로 시작한다. 그 파일은 다른 파일들과 함께 하나의 폴더로 묶이며, 그 폴더는 다시 상위 폴더 안에 속한다. 회사 일도 매한가지다. 이것을 분류로 보면 '대분류, 중분류, 소분류'가 된다.

조선일보의 대표적인 칼럼니스트였던 고 이규태 논설위원은 총 6,702회의 신문 칼럼을 썼다. 이밖에도 37개의 시리즈물 기획 기사를 썼고, 120여권에 이르는 저서를 남겼다. 글쓰기의 달인을 넘어 명인의 경지에 오른 사람이다. 그의 방대한 업적의 원동력은 신문 스크랩에 있다. 그의 서재에는 수많은 책과 함께 한쪽 벽면에 잘 정리된 수십 권의 스크랩북과 노트가 있는데 이 자료들은 '디렉토리 구조화'를 통해 정리되었다.

스크랩북만 그런 게 아니다. 그의 자료 정리 기법인 '오색분류법'은 너무 유명하다. 서재를 가득 채운 1만5천여 권의 책과 노트, 색인, 스크랩 등은 내용에 따라 각각 '적황녹청흑' 다섯 가지 색깔로 분류되어 있다. '인간의 신체'에 관한 것은 적색, '의식주'에 관한 것은 황색, '동식물'에 관한 것은 녹색, '제도'에 관한 것은 청색, '종교문화'에 관한 것은 흑색 쪽지를 붙였다. 오색분류는 대분류에 해당하고, 그 아래로 중분류와 소분류로 나뉜다. 이규태 논설위원은 생전에 이렇게 말했다.

"세상의 모든 정보는 이 분류법에 다 포함된다."

디렉토리 구조화를 잘하려면 시각화를 추천한다. 시각화는 정리된 상태로 문제를 보여준다. 복잡한 업무가 시각화되면서 구체적으로 업무가 정해지기 때문에 선택과 집중을 할 수 있다. 이렇게 선택된 아이템들은 다시 중요도와 우선순위에 따라 재편되고 이것을 누가 하고 언제까지 해야 하는지, 즉 담당자와 마감일 등이 정해진다. 이렇게 분류되고 정리되면 이제 실행하면 된다.

셋째, 물고 늘어지기다

달인들은 한번 잡은 일은 끝을 본다. 열정이 업무의 성공과 실패를 가른다는 것을 잘 안다. 목표가 정해지면 수단과 방법을 탐색하며 반드시 성공적으로 완수한다.

젊은 세대들은 늘 감각적이다. 감각을 따라 움직이면 유행은 따라갈 수 있지만 깊은 맛은 못 본다. 끝까지 물고 늘어지지 못하는 것도 가죽을 뚫고 들어가지 못하기 때문이다. 끈기라는 곡괭이로 땅을 깊게 파보자.

'읽기, 짜깁기, 끈기'를 지속적으로 수행하기 위해서는 어떻게 해야 할까? 일종의 내면화 작업이 필요하다. 말하자면 내적 동기가 있어야 한다. 달인은 일의 쓸모보다 일의 재미에 빠져 있는 사람이다. 이들은 돈이나 출세 자체가 목적이 아니다. 유명해지고 싶은 마음이 없다. 다만 일 그 자체에 매료되어 있다. 그래서 주변 사람들이 그를 미친 사람이라고 부른다. 일의 재미에 미쳐 있는 사람이 달인이 된다.

6
콘텐츠로 성공하는 두 가지 방법

수년 전 한 대기업 총수가 이런 말을 한 적이 있었다.

"지금은 IMF에 버금가는 위기상황이다. 초일류 기업으로 도약하기 위해서는 '남들과 경쟁해서 1등을 하든지, 남들이 안 하는 것을 갖고 1등을 하든지 둘 중에 하나는 해야 한다."

그의 말에는 콘텐츠를 만드는 두 가지 방법이 암시되어 있다.

첫째, 경쟁자가 있는 콘텐츠다. 남들도 다 생각하는 콘텐츠를 만들 때는 '가까운 것부터 해결한다'는 마음으로 접근해야 한다.

중국에서 공유자전거로 대박을 친 기업이 있다. '모바이크'다. 이 기업의 창업자 후웨이웨이에게는 오랫동안 해결하지 못했던 한 가지 질문이 있었다. 심각한 베이징의 교통체증과 대기오염 문제였다. 그는 더 많은 시민이 자전거를 타면 두 가지 문제를 동시에 해결할 수 있다고 생각했다. 그러나 문제가 있다. 언제 어디서든 자전거를 탈 수 있어야 한다. 누가 훔쳐갈까 봐 걱정할 필요가 없어야 한다. 요금 결제 방식이 간편해야 한다.

2015년 후웨이웨이는 모바이크를 설립하고 질문에 대한 답변을 하나씩 찾아들어갔다. 다행히 그는 10년간 관련 분야 사람들을 취재했던 전력이 있었다. 그는 난관에 부딪칠 때마다 아는 사람들을 찾아다니며 영감을 구했다. QR코드 스캔으로 잠금을 해제하는 방식도 타인의 아이디어였다. 이밖에도 스마트폰 애플리케이션과 GPS를 적극 활용했고, 결제 수단인 위쳇페이도 그의 문제 해결에 일등공신이었다. 다만 튼튼한 공유자전거를 만들 수 있는 제조업체를 구하지 못하자 그는 직접 자체 생산에 들어갔다. 그렇게 후웨이웨이는 창업 2년 만에 2조 원 가치의 기업을 만들었다.

그에게는 방향성이 분명했다. 혼자만 생각한 것도 아니다. 많은 이들이 베이징의 교통문제, 대기오염 문제에 대해서 관심이 많았고, 자전거를 한 가지 대안으로 생각하고 있었다. 그러나 후웨이웨이처럼 문제를 하나씩 해결하며 답에 접근한 사람은 없었다. 경쟁자가 있는 분야에서 콘텐츠 창출은 이처럼 누가 더 나은 아이디어로, 최적화된 조합으로 문제를 해결하느냐에 달렸다.

둘째, 경쟁자 없는 콘텐츠를 만드는 방식이다. 관습의 눈을 벗어나는 게 창의적 콘텐츠를 만드는 데 핵심이다.

1960년대만 해도 모든 높이뛰기 선수들은 배 쪽으로 바를 넘었다. 당시 코치들은 예외 없이 '정면을 보면서 바를 향해 머리로 돌진하라.'고 가르쳤다. 왜냐하면 선수가 자신이 떨어질 곳을 보면서 도움닫기를 하면 심리적으로 안정될 뿐 아니라 뛰어오던 탄력을 최대한 이용할 수 있다고 생각했기 때문이다.

그런데 딕 포스베리란 젊은이가 이런 상식을 비웃듯 등으로 바를 넘는 새로운 기술을 선보였다. 시사주간지 타임지조차 '유사 이래 가장 웃기는 방법'이라며 혹평하기도 했다. 모든 사람이 그를 비웃었다. 심지어 공식대회에서 이런 방법을 인정하면 안 된다는 주장마저 나올 정도였다. 그러나 포스베리는 온갖 비웃음을 견디면서 배면 도약법을 발전시킨 끝에 1968년 멕시코올림픽에서 금메달을 목에 걸었다. 그동안 자신을 비웃었던 사람들에게 한 방 먹인 셈이다. 그 후 육상계는 그의 배면 도약법을 '포스베리법'으로 공식화해 그의 이름을 청사에 새겼으며 현재는 모든 높이뛰기 선수들이 배면 도약법으로 바를 넘고 있다.

이 사례는 사물을 보는 방식의 중요성을 잘 보여준다. 관습의 시선으로 사물을 보는 것이 아니라 '뭔가 새롭게(Something

New), 뭔가 다르게(Something Different) 뭔가 독특하게(Something Unique)'를 추구한 것이다.

역발상이 쉬운 일은 아니다. 고정관념이 계속 방해하기 때문이다. 한 고등학교에서 있었던 일이다. 물리과 선생님은 망원경을 설치한 다음 40명에 달하는 학생들에게 행성과 위성을 보여주기로 했다. 첫 번째 학생이 망원경을 들여다보았다. 선생님이 '뭐가 보이느냐?'라고 물었다. 학생은 아무것도 보이지 않는다고 했다. 마침 그 학생은 근시가 심했다. 선생님은 학생들에게 초점을 맞추는 방법을 알려주었다. 그러자 학생들은 마침내 행성과 위성이 보인다고 답했다. 이렇게 학생들은 차례차례 자신들이 보아야 할 것을 관찰했다. 드디어 마지막 두 명의 학생이 남았다. 마지막에서 두 번째 학생이 망원경을 들여다보더니 아무것도 안 보인다고 말했다. "바보같이! 렌즈를 맞춰야지!" 선생님이 다그쳤다. 선생님 지시대로 렌즈를 맞춘 학생은 이렇게 말했다. "그래도 아무것도 보이지 않고 온통 까매요." 화가 난 선생님은 망원경을 직접 들여다보았다. 그리고 이상한 표정으로 망원경을 살폈다. 그때까지 렌즈 뚜껑이 망원경을 덮고 있었다. 사실 학생들 중 한 명도 별을 본 사람은 없었다.

다수가 옳다고 말하는 것을 용기 있기 아니라고 말하기란 쉬운 일이 아니다. 통념이 주는 비애다. 내 눈을 믿어야 하는데 '내 눈'

에 대한 믿음이 '다수의 눈' 앞에서 꺾인다.

 21세기 직장인은 콘텐츠 메이커가 되어야 한다는 시대적 소명을 갖고 있다. 둘 중에 한 가지를 당신에게 추천한다. 새롭게 만들거나 하나씩 문제를 해결하여 목표에 도달하거나.

7
내가 지닌 단점이 혁신의 시작

한 아파트에서 산으로 야유회를 갔다. 주민들은 우연히 밤나무 숲을 발견했다. 그들은 밤을 한아름 따 가지고 와서 동네방네 소문냈다. 소식을 들은 이웃 아파트 사람들이 자루를 들고 밤나무 숲으로 달려갔다. 밤나무 숲에선 어떤 일이 벌어졌을까?

아뿔싸! 어제 그 아파트 사람들이 입구에 줄을 쳐 놓고 입장료를 받고 있었다. 울며 겨자 먹기로 입장료를 물고 밤나무 숲으로 열심히 달려갔다. 그런데 어처구니없는 일이 또 벌어졌다. 낮은 가지의 밤은 먼저 온 사람들이 이미 다 따갔기 때문에 나중 온 사람들은 무등을 타고 어렵게 밤을 따야만 했다. 아무튼 열심히 딴

밤을 들고 와서 실컷 삶아 먹고 구워 먹었다. 그러고도 남은 밤을 시장에 나가 팔기로 작정했다. 그런데 시장에 가보니 또 이상한 일이 벌어졌다. 이미 앞서 밤을 딴 사람들이 먼저 팔고 있어서 제값을 받을 수 없었다.

남보다 한 발 먼저 간다는 건 엄청난 기득권을 얻는 일이다.

혹시 경마장에 가본 적이 있는가? 경마 경기를 보면 결승선에 경주마 서너 마리가 동시에 들어오는 경우가 있다. 대략 시속 80킬로미터로 달리니까 우리의 육안으로는 어느 경주마가 1등인지 가리기가 어려울 때가 있다. 그래서 1초를 250커트로 찍을 수 있는 사진판독실이 존재한다.

250커트의 사진으로 분석한 1등 경주마와 2등 경주마의 차이는 어느 정도일까? 말 주둥아리 하나 차이라고 한다. 이것을 시간으로 계산하면 1/1500초쯤 된다. 재미있는 건 1등 경주마와 2등 경주마가 가져가는 상금이 하늘과 땅 차이라는 사실이다.

비단 경주마의 세계만 그런 게 아니다. 우리가 사는 세상은 승자독식의 세계. 1등과 2등의 차이는 번개가 번쩍 하는 순식간이지만 그 사소한 차이가 승자와 패자를 가른다.

"덩치가 크다고 해서 항상 작은 기업을 이기는 것은 아니지만, 빠른 기업은 느린 기업을 언제나 이긴다."

시스코 시스템즈 CEO인 존 챔버스의 말이다.

1999년 4월 18일 캐나다의 아이스하키 선수 웨인 그레츠키는 마지막 경기를 마치고 내셔널 하키 리그와 작별했다. 그는 선수 생활 20년 동안 하키의 역사를 다시 썼다. 그레츠키는 정규 리그 최다 득점(894골), 최다 어시스트(1,963개)를 포함해 NHL 기록을 60개 이상 갈아치웠으며, 에드먼턴 오일러스 팀을 이끌고 스탠리컵을 네 차례 들어올렸다. 그레츠키의 놀라운 점은 기존의 아이스하키를 새롭게 만들었다는 것이다. 보디체크라는 형태로 어깨 부딪침이나 완력을 사용해서 힘으로 밀어붙였던 기존의 방식을 극복, 그는 속도와 기교에 바탕을 둔 예술로 아이스하키를 승화시켰다. 그가 말했다.

"나는 퍽이 있는 곳이 아니라, 퍽이 가야 할 곳으로 움직인다."

 기존의 룰을 파괴하는 주인공들은 핸디캡을 극복하는 과정에서 새로운 답을 찾기도 한다. 한국 펜싱 선수들이 그런 경우다. 우리나라 선수들은 유럽인에 비해 키가 작고 팔 길이가 짧다. 그런데도 불구하고 과거에는 손 기술 중심의 유럽 펜싱을 따라 했다.

 기술이 똑같아도 체형이 다르면 불리한 게임이라는 사실을 그때는 몰랐다. 그러다 한국형 펜싱 개발에 대한 중론이 모아졌다. 우리나라 사람의 체형에 맞는 펜싱으로 갈아타야 한다는 생각이었다. 그 과정에서 핵심으로 꼽힌 게 발동작. 팔이 짧다면 다리가 빠르면 된다는 생각이었다. 펜싱 선수들이 달리기는 기본이고, 산을 타기 시작했다. 웨이트 트레이닝으로 다리 근육을 강화했다. 유럽 선수들은 1분당 최대 40회 수준으로 발을 움직이는 데 반해 우리 선수들은 1분당 80회로 2배까지 빠른 발동작을 만들었다. 1초 안에 5m를 움직일 수 있게 되었으니 이제 짧은 팔이 무슨 대수인가.

내가 못하는 데서 이기려고 하지 마라. 홈그라운드의 이점을 누릴 수 있으려면 룰을 다시 써야 한다. 어쩌면 내가 가진 단점이 모든 혁신의 시작인지 모른다. 단점을 강화해서 해결하려고 하지 말고, 단점을 극복할 수 있는 새로운 장점을 찾아야 한다. 체조 선수 양학선은 누구도 모방할 수 없는 최고난도 기술을 개발함으로써 체조 불모지 대한민국에 최초의 금메달을 안겼다. 그것이 차별화의 정수다.

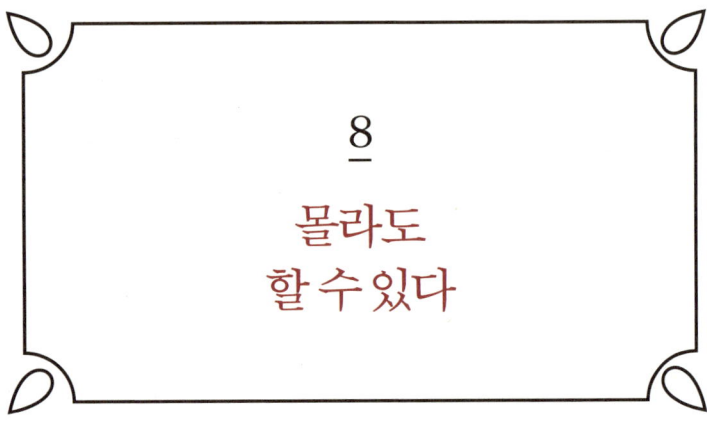

8
몰라도 할 수 있다

    우리에게 자주 찾아드는 대부분의 '위기'는 주변 환경의 변화에서 기인한다. 주변 환경은 변했는데 자기만 변하지 않았을 때, 즉 시대와의 공명 지수가 떨어진 상태를 우리는 위기라고 부른다. 가령 지구 기온 하강에 따른 공룡의 멸종이 대표적인 예가 될 수 있다. 기업이든 조직이든 개인이든 환경 변화에 발맞춰 새로운 시스템으로 진화할 수 있는 자만이 생존할 수 있다. 그저 '변화'만 해서는 생존이 불가능하다. 보조에 맞도록 진화해야 한다.
    그러나 대개 기업이나 조직들은 '기울어짐'보다는 '평형'을, '변화'보다는 '안정'을 정상적인 것으로 인식하고 이를 유지하기 위

혁자병법(革者兵法)

해 숱한 자기합리화 작업을 하기 일쑤다. 변화와 속도의 21세기는 새로운 패러다임을 요구한다. 평형과 안정이 정상이라는 생각을 버리고 때로는 기울어짐과 변화가 정상이라고 생각해야 한다.

'변화'가 아니라 '진화'를 하려면 어떤 전략이 필요할까? 이 작업을 하려면 당신이 쓰지 않았던 근육을 써야 한다. 2002년 한일 월드컵 때로 돌아가 보자. 우리나라 월드컵 4강 신화의 주역인 히딩크 감독이 대표팀을 훈련시키는 모습을 기억할 것이다. 기존 감독들이 '지구력' 훈련에 중점을 둔 것에 반해 히딩크는 '스피드' 훈련에 중점을 두었다. 그가 주로 택했던 방법은, 지구력 증강을 위한 10km 달리기가 아니라 스피드 향상을 위한 10m, 50m, 100m 달리기였다.

나아가 축구가 마라톤이 아니라 끊임없는 몸싸움의 장임을 이해하고, 연습장에서 어깨를 맞대고 소가 싸우는 것처럼 밀치는 연습을 되풀이했다. 그 결과 우리 대표 팀은 피지컬이 좋은 외국 선수들과의 몸싸움에서 밀리지 않을 수 있었다.

히딩크 감독의 처방은 대표팀의 DNA를 바꾸는 데 초점이 맞춰졌다. 기존 감독들이 '늘 쓰던 근육'을 강화했다면 그는 '잘 쓰지 않던 근육'을 쓰게 만들었다. 이를 통해 그는 우리 대표팀을 '변화'시킨 게 아니라 '진화'시켰다.

사람들이 무언가를 배울 때 대체로 거치는 과정이 있다. 먼저 알아본 다음, 조금 해보고, 이것을 반복적으로 행하면서 자신의 것으로 만든다. 즉 체지(體知) → 체행(體行) → 체득(體得)의 순서를 따른다.

이들은 '알아야 하지' 형의 직장인들이다. 야구 용어로 표현하자면 '히트앤런(Hit & Run)' 전술이다. 일단 안타를 때리면 그때 그것을 보고 주자가 달리는 방식이다. 불확실성을 최소화하겠다는 생각이다.

반면 알지 못해도 일단 해보자는 사람들이 있다. '해보면 알지' 형의 직장인들이다. 이들은 체행 → 체득 → 체지의 과정을 밟는다. 이것은 '런앤히트(Run & Hit)' 전술이다. 일단 주자가 뛰면 타석에 있는 타자는 주자를 살리기 위해 어쩔 수 없이 방망이를 휘두르는 것이다. 불확실성을 안고 적극적으로 변화의 모멘텀을 만드는 방식이다.

그런데 대부분의 직장인들은 '알아야 하지' 형에 속한다. 알기 전에는 움직이지 않겠다고 생각한다. 우리가 자랄 때는 어떠했는가? 우리는 아직 인생이 무엇인지 모른 채 그저 막연히 어른들의 지시나 권유에 따라 세상에 나갔다. 그때는 참 두렵고 힘들었지만 뭔가 배우는 게 있었다. 그런데 우리는 지금 왜 이렇게 굳어 갈까?

"오늘의 당신이 있게 한 사고방식만으로는 결코 당신이 꿈꾸는 미래를 쟁취할 수 없을 것이다."

아이슈타인 박사가 한 말이다.

일을 통해 진화를 도모하려면 히딩크 감독처럼 쓰지 않던 근육을 써야 한다. 그래야 '알아야 하지' 형에서 '해보면 알지' 형으로 바꿀 수 있다. 무엇이든지 먼저 해보는 자세가 필요하다.

"생존하는 사람은 가장 힘센 사람이나 아주 영리한 사람이 아니라 변화에 잘 대응을 하는 사람이다(It is not the strongest who survive, nor the most intelligent but those who are most responsive to change.)."

진화론을 주장한 찰스 다윈의 말이다.

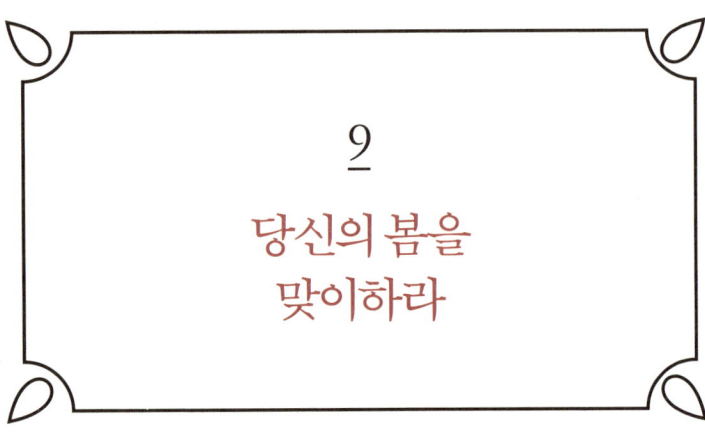

2
당신의 봄을 맞이하라

봄여름가을겨울 4계절 중 '새'라는 관형사가 붙는 계절은 언제일까? 봄이다. 가만히 보면 새 여름, 새 가을, 새 겨울이라는 말을 쓰지 않는다.

그런데 재미있는 건 '봄'이라는 단어다. 이 단어는 동사 '보다'의 명사형과 똑같이 생겼다. 그래서 그런지 봄에는 볼 것들이 많다. 자연이 겨우내 준비한 생명력을 보여주는 까닭인지 모른다. 사실 어디서 시작된 것인지는 몰라도 신비로움 그 자체다.

필자가 사는 일산엔 단독 주택단지가 있다. 아파트에 살고 있는 터라 주말에 가끔 이 단지를 산책하며 구경한다. 봄이 되면 주택단지 화단에는 야생화들이 새순을 피운다. 봄마다 그런 모습을 보면서 이노베이터를 생각한다. 어쩌면 이노베이터들은 '자신의 봄'을 만들어 가는 사람들인지 모른다. 혹독한 겨울을 이겨내고 대지를 뚫고 나오는 새순처럼 자신만의 무엇을 만들어가는 사람들.

농장 인부로서 전국 농장을 전전했던 사람이 있었다. 그는 '나는 누구인가?', '왜 살고 있지?', '앞으로 어떻게 살아야 하는가?' 등 인생에 대한 진지한 고민을 하고 있었다. 그는 오랜 방황 끝에 결론을 내리게 된다.

"내 삶의 진정한 주인이 되자."

그와 동시에 그는 치킨 사업을 시작했다. 상호를 만드는 게 큰 고민이었다. 서비스에 유달리 관심이 많았던 그는 두 번의 'Yes', 즉 '네네'라는 마인드로 가게를 끌고 가자고 생각했다. 유명 치킨 브랜드 '네네치킨'은 이렇게 탄생했다.

어릴 때 말을 더듬는 한 아이가 있었다. 유치원에 간 첫날 자기소개를 하면서 말을 더듬었더니 아이들이 놀리기 시작했다. 그는 집으로 달려와서 엄마에게 울먹이며 말했다. "엄마! 나는 말을 못해요. 그래서 아이들과 어울리지 못해요." 그러자 엄마가 말했다. "선생님께서 전화로 말씀하셨단다. 그런데, 애야. 좋은 소식을 알려주마. 좋은 소식은 바로 네가 자기소개를 했다는 거야. 엄마는 네가 자랑스럽구나. 네가 자기소개를 했고 최고의 실력을 발휘하지는 못했지만 그건 별 문제가 아니야. 열심히 노력하면 머지않아 네가 훌륭하게 말하는 것을 보여주게 될 거야."

그 아이가 자라서 미국의 저명한 동기부여가 키스 해럴로 성장한다.

누군들 싹을 틔우고 싶지 않겠는가. 그러나 누군 되고 누군 안 되는 이유는 뭘까? 그것은 거름의 차이다. 인생이란 밭에 새싹이 잘 자랄 수 있도록 거름을 주지 않으면 역시 싹은 더디거나 혹은 땅속이 더 좋다고 생각한다. 혁신도 매한가지다. 당신의 새싹이 자랄 수 있도록 일터에 자양분을 뿌리지 않았기 때문에 아직은 고개를 내밀지 않는다.

혁신의 밭에 새싹이 잘 움틀 수 있는 방법이 있다. 혁신 새싹을 위한 세 가지 싹, 즉 세(3)싹 관리다. 과거의 싹, 현재의 싹, 미래의 싹을 뜻한다.

첫째, 과거의 싹

대개 사람들은 미래지향적이기보다는 과거 지향적이다. 인생의 중심축이 미래가 아닌 과거에 있다. 그래서 늘 지난 과거를 후

회한다. 이 세상에서 말과 글로 표현할 수 있는 가장 슬픈 단어는 '~했더라면 좋았을 텐데'라고 시인 존 그린리프 휘티어는 노래했다. 혁신도 똑같다. 과거형이 아니다.

"후회의 싹은 자르고 감사의 싹을 맞이하자. 지난 과거에 별 탈 없었기 때문에 현재가 존재하는 것이다. 내 바람과 비교하면 지금 손에 든 것이 적을 수도 있지만 현재의 모습을 있게 만든 원인으로 생각한다면 얼마든지 감사의 싹을 만날 수 있다. 과거의 싹 중에 후회의 싹은 자르고 감사의 싹을 현재로 초대하자."

과거의 싹 가운데 후회의 싹을 솎아내자. 그래야 새싹에 영양이 공급된다.

둘째, 미래의 싹

변화를 못하는 사람의 가장 큰 적은 두려움이다. 두려움이 생기는 이유는 미래(변화)를 부정적으로 생각하기 때문이다. 〈꿈꾸는 다락방〉에 보면 구체적이고 명확하게 꿈을 꾸면 이뤄진다는 'R=V×D(Realization, Vivid, Dream)' 공식이 있다. 이 공식을 바탕으로 우리는 미래의 모습을 동영상으로 떠올릴 수 있다. 그렇게 하면 꿈이 현실이 된다.

달리 말해, 긍정적인 미래상을 상상하는 것만으로도 미래의 두려움의 싹은 자를 수 있다. 그러니까 미래의 싹을 키우려면 바로 '두려움의 싹'을 잘라야 한다. 이것을 자르고 나면 희망의 싹이 새살처럼 돋아날 것이다. 그래서 미래를 두려움의 노예가 아니고 희망의 자식으로 만들어야 한다.

셋째, 현재의 싹

과거의 '후회의 싹', 미래의 '두려움의 싹' 때문에, 현재에 나타나는 싹이 하나 있다. 바로 '괴로움의 싹'이다. 이 싹은 아주 보기 싫은 모습으로 나타난다. 성공하는 사람은 현재의 싹 중에서 '행동의 싹'을 키우는 데 집중한다. 그러자면 과거에 대한 감사와 미래에 대한 희망으로 현재를 만족스럽게 생각하며 살아야 한다.

영어 'satisfaction'은 만족이라는 뜻이다. 그런데 이 단어의 어원은 'satis(충분한)+action(행동)'으로 구성된다. 즉 현재는 만족을 위하여 즉각 실천할 수 있는 '행동의 싹'을 틔어야 한다. 그런데 행동은 준비가 되어야만 시작하는 것이 아니고, 간절한 목표가 수립될 때 자연스럽게 행동으로 연결된다. 언제나 주어진 삶에 만족하는 마음으로 행동의 싹을 당연하게 맞이해야 한다.

혁신을 위한 새싹 비빔밥의 재료는 감사의 싹, 희망의 싹, 행동의 싹이다. 이 세 싹으로 당신의 봄을 맞이해 보라.

:: 제5계책 ::

나를 먼저 파괴하라(打)

1
스스로 절박한 궁지에 몰아넣기

고든이라는 사람이 꿀벌과 파리를 대상으로 실험을 벌였다. 캄캄한 장소에서 꿀벌과 파리를 잡아 차광 유리병에 넣었다. 그런데 이 유리병의 밑면은 투명이어서 빛이 들어갈 수 있었다. 고든은 유리병 입구를 손으로 막고 유리병을 밑면이 창문을 향하도록 놓았다. 창문에는 햇살이 들어오고 있었다. 고든은 모든 준비를 마치고 유리병 입구에서 손을 뗐다. 과연 꿀벌과 파리 중 어떤 것이 먼저 밖으로 나왔을까?

파리였다.

보통의 곤충은 빛을 향해 날아다니는 속성이 있다. 그러나 고

든의 실험에서는 유리에 막혀서 날아갈 수 없다. 특히 꿀벌은 '어둠 속에서 출구를 찾는 길은 빛이 있는 밝은 쪽으로 날아가는 것'이라고 철석같이 믿어서 계속 병 밑면에 몸을 부딪치다가 결국에는 지쳐 죽는다. 반면 파리는 어느 정도 시행착오를 거치고 난 후 반대쪽 병 입구를 통해 빠져 나온다.

꿀벌은 본능적 지식을 고집하다가 결국 죽음에 이르게 되지만 파리는 자신의 과거를 고집하지 않았기 때문에 새로운 환경을 극복할 수 있었다.

관리자를 대상으로 강의를 한 적이 있다. 주제는 발상의 전환이었다. 게임을 진행했다. 관리자들에게 A4 용지를 한 장씩 나누어 준 뒤 가장 멀리 날 수 있는 종이비행기를 만들어 보라고 부탁했다. 약 3분이 지나자 한 명도 빠짐없이 종이비행기를 만들었다. 그들에게 만든 종이비행기를 가능한 멀리 날려 보내라고 주문했다. 종이비행기 성능에 따라 차이가 났지만 큰 차이는 없었다.

종이비행기를 모두 날린 뒤 필자가 시범을 보였다. 필자가 만든 종이비행기가 가장 멀리 날았다. 그런데 관리자들은 필자의 비행기를 보고 모두들 의아해 했다. 왜냐하면 필자는 관리자들과 달리 종이를 접지 않고 똘똘 구겨서 공 모양으로 비행기를 만들었기 때문이다.

종이비행기를 만들라는 주문에 모두들 정말 한결같이 초등학교 시절에 만들었던 종이비행기를 접는다. 그러나 종이비행기를 꼭 그렇게 만들라는 법은 없다. 사람들은 습관의 모자를 벗지 못한 채 그냥 해오던 방식으로 사물을 대하고 생각한다. 고정관념에 빠져 있기 때문이다. 만약 독자 여러분이라면 어떤 비행기를 만들겠는가?

만일 목숨을 걸고 '멀리 날 수 있는' 종이비행기를 만들라고 얘기해도 답이 똑같을까?

우리가 주기적으로 건강관리를 하는 이유는 조기발견의 중요성 때문이다. 특히 성인병은 치료시기를 놓치면 고생이 이만저만이 아니다. 때에 맞게 건강검진을 하지 않으면 본인도 모르는 사이 병이 깊어져 치료시기를 놓칠 수 있다. 그럼에도 불구하고 '일상적 삶'을 살아가는 사람들은 귀찮거나 바쁘다는 핑계로 검사를 게을리 하는 경향이 크다.

시라쿠사의 왕 히에른은 왕관이 순금인지 확인하고 싶었다. 그 일을 아르키메데스에게 맡겼다. 큰 고민이 아닐 수 없었다. 방법을 찾지 못하면 왕명을 거역하는 꼴이 된다. 아르키메데스는 방법을 찾아 매일 고심하고 있었다. 우연히 목욕탕 탕 속에 들어가면서 방법을 찾았다. 탕 속의 물이 넘치는 것을 보고 순금 여부를 확인하는 방법을 찾았다. 그의 절박함이 답을 준 셈이다.

'가두리기법'이란 게 있다. 어쩔 수 없이 실천할 수밖에 없도록 자신을 속박하는 방법을 말한다. 나폴레옹은 부관에게 명령하여 지금 막 건너온 다리에 불을 지르라고 명령했다. 죽음을 무릎 쓰고 적과 싸우기 위해서다. 해적 바이킹도 육지에 도착하면 자신들이 타고 온 배에 불을 질렀다. 한신도 전세가 불리해지면 배수의 진을 쳤다고 한다. 병사들이 도망가지 못하게 강물을 등지고 싸웠다. 전투에 절박감을 쓴 것이다.

이와 같이 사람을 백척간두에 몰아넣는 이유는, 사람이나 조직이나 안주하려는 성향이 강하기 때문이다. 계절은 달라지는데 누구나 옷을 갈아입기 귀찮아한다. 안주하는 것은 잘못 탄 에스컬레이터와 같다. 당신이 상향 에스컬레이터를 타지 않고 잘못해서 하향 에스컬레이터를 탔을 경우를 보자. 그대로 서있기만 하면 아래로 내려간다. 오르기 위해서는 필사적으로 뛰어야 한다. 스스로 절박함을 만들어야 한다.

2
자발적 동기부여가 필요하다

다들 어렵다고 한다. 이 분야 기업들은 벌써 구조조정의 바람이 심하게 불고 있다. 재택근무, 명예퇴직, 인원 삭감, 급여 삭감 등 나름 궁여지책을 쓰고 있는데 도무지 나아질 기미가 보이질 않는다고 한다. 제법 형편이 좋다는 기업들도 구성원들에게 변화와 혁신의 메시지를 지속적으로 전하고 있다.

필자에게는 경기가 호황인지, 불황인지 판단하는 사소한 기준이 있다. 가령 고속도로에서 신차를 운반하는 트레일러가 많거나 아니면 시내에 택배를 배송하는 오토바이가 자주 눈에 띄면 호황이라고 본다. 반면에 서울역, 부산역, 동대구역 등 대도시

역사 주변에서 손님을 기다리는 택시가 많으면 불황이라고 본다. 요즘이 바로 이렇다. 택시 잡기도 쉽고, 택배 오토바이도 잘 안 보이고, 고속도로에선 트레일러가 눈에 잘 띄질 않는다.

경영자와 직장인 사이에 온도차가 있다. 경영인들은 늘 직원들에게 어떻게 동기를 부여해야 할지 고민한다. 돈은 정답이 아니다. 일본 기업인 이나모리 가즈오 교세라 명예회장도 '돈으로는 사람을 움직일 수 없다'고 지적한다.

"사람을 움직이려면 마음 깊은 곳에서 불타오르는 동기를 부여해야 한다. 이를 위해서는 이윤을 뛰어넘는 숭고한 경영 철학과 경영자의 인격이 필요하다."

세계 최대 제약회사인 미국 화이자의 제프 킨들러(Kindler) 회장도 비슷한 말을 했다.

"기업은 뭔가 어려운 때일수록 '우리가 왜 존재하는지, 도대체 우리가 세상을 위해 뭘 하고 있는지' 끊임없이 되새겨야 한다. 존재 이유가 분명해야 조직원들 사이에 위기를 돌파해야겠다는 강한 모멘텀이 생긴다."

경영학자 짐 콜린스도 이렇게 지적했다.

"업체 간 경쟁은 핑계거리다. 기업의 성쇠를 판가름 짓는 것은 외부 환경이 아니라 내부의 대응과 결속력이다."

표현은 조금씩 다르지만 그들은 하나같이 '안으로부터 시작된

자발적 동기부여'의 중요성을 강조한다. 셀프 동기부여는 그 자신도 살고, 조직도 사는 방법이다.

바람개비는 바람이 불어야 돌아간다. 만일 바람이 불지 않으면 어떡할까? 계속해서 바람개비를 돌리려면 바람개비를 들고 앞으로 뛰어야 한다. 동기부여도 마찬가지다. 남이 불어주는 바람으로 돌아가는 바람개비라면 돌아가는 힘도 약하고 지속하기도 힘들다. 스스로 돌려야 한다.

몇 년 전 한 네티즌이 인터넷에 이런 질문을 한 적이 있었다.

"군대에서 쓰는 24인용 군용텐트를 혼자 설치할 수 있을까요?"

이 이야기를 접한 대다수 네티즌들은 불가능하다는 답했다. 그런데 이 네티즌은 약 85분 만에 설치하는 데 성공하고 과정을 인증했다.

레드 퀸 효과라는 게 있다. '모든 생명체가 끊임없이 진화하지만 환경은 더 빨리 변하기 때문에 변화하는 환경을 뛰어넘어 발전하려면 지금보다 두 배의 노력을 기울여야 한다.'는 내용이다. 그렇다면 생각을 행동으로 옮기려면 무엇을 해야 할까?

게임 체인저(Game Changer)가 되어야 한다. 게임 체인저란 어떤 일에서 결과나 흐름의 판도를 뒤바꿔 놓을 만한 중요한 역할을 한 인물이나 사건을 의미한다. 경영에서는 기존의 시장을 뒤

흔들 만한 혁신적인 아이디어를 가진 사람을 뜻한다. 한 명의 구성원은 조직 전체로 볼 때는 미미한 존재 같지만 행동을 통해 기업의 운명을 바꿀 수 있다는 이야기다. 게임 체인저가 되는 솔루션을 소개한다. 이른바 〈Action Plan 6〉다.

첫째, 5가지 질문을 하라

세계적인 경영학자 피터 드러커는 기업이 위기를 맞이했을 땐 다음과 같은 5가지 질문을 던지라고 주문했다.

첫째, 우리의 미션은 무엇인가? 둘째, 우리의 고객은 누구인가? 셋째, 우리의 고객이 추구하는 주된 가치는 무엇이고 차선의 가치는 무엇인가? 넷째, 우리의 결과물은 무엇이어야 하는가? 다섯째, 이를 달성하기 위한 우리의 계획은 무엇이며 가장 효과적인 프로그램은 무엇인가?

이렇게 질문을 하다보면 어떤 행동을 취해야 하는지 알게 된다.

둘째, 최고가 아니라 최적이 되라

모 글로벌 기업 인사부장 K씨에게 요즘 기업이 추구하는 인재상을 질문한 적이 있었다. 그는 이런 답을 내놓았다.
"우리는 최고의 인재가 아니라 최적의 인재를 찾습니다."
회사가 요구하는 인재는 그 조직에 진정성을 갖고 열정을 바칠 수 있는 사람이다. 이런 사람이 오래 가고 일을 내는 법이다. 조직이나 일터가 원하는 건 최고의 스펙이 아니라 일터에 맞는 최적의 사람이다. 그러자면 최고 경영자의 경영방침을 제대로 인지하고 이를 구현하는 데 집중해야 한다.

셋째, 우선 틀을 바꾸어라

필자가 아는 한 여성이 있다. 그녀는 지난해 건강검진에서 대사증후군 판정을 받고 무척 당황했다. 대사증후군을 그대로 나두면 고혈압, 당뇨 등 성인병으로 이어진다고 한다. 그녀는 다이어트를 하기로 작정했다. 드디어 다이어트를 시작했는데 필자가 보기엔 예전이나 지금이나 살아가는 생활 습관이 비슷했다. 살을 빼려면 적게 먹든지 아니면 많이 움직이든지 해야 하는데 전혀 바뀐 게 없었다. "혹시 다이어트하는 거 맞니? 최소한 밥그릇 사이즈는 줄여야 하는 거 아냐?" 위기시대, 당신이 남다른 결과를 얻어내려면 남들과 똑같이 하거나 지난해의 카피 인생으로는 어렵다. 다른 결과를 얻으려면 최소한 틀은 바꾸어야 한다.

넷째, 스노타이어를 장착하라

스노타이어는 일반 타이어에 비해 제동거리가 30% 정도 짧다. 왜냐하면 트레드라고 하는 타이어 무늬가 일반 타이어와 다르고 또한 타이어 고무가 다소 말랑말랑하기 때문이다. 그런데 스노타이어는 언제 장착하는 것일까? 겨울 빙판길을 달릴 때다. 경기가 어려워지면 당분간 일반 타이어를 빼고 스노타이어를 끼워야 한다. 당신의 타이어는 무엇인가?

다섯째, 숙제형이 아니라 출제형이 되라

대개 직장인들은 상사가 시키는 일을 곧잘 한다. 왜? 먹고 살거나 아니면 조직에서 밀려 나지 않기 위해서다. 회사 사정이나 형편이 좋다면 숙제만 잘해도 살 수 있다. 그러나 환경이나 여건이 바뀌면 이야기는 달라진다. 이때는 출제형 인재로 변해야 한다. 출제를 하려면 해당 분야나 범위를 학교 교사 수준으로 공부해야 하는 것은 물론 학원 강사 수준으로 핵심 파악과 난이도 조절에 능해야 한다. 남이 주는 일만 하는 게 아니라 스스로 알아서 해야 한다.

여섯째, 절대 포기하지 마라

샤워실 바보가 되지 말아야 한다. 연수원 숙소에 샤워장이 있다. 샤워를 할 때 각 숙소마다 수도꼭지 위치도 다르고 온수의 양도 조금씩 다르다. 샤워꼭지를 틀었을 때 내가 원하는 온도의 물이 나올 확률은 거의 없다. 그래서 차가운 물이 나오면 바로 뜨거운 쪽으로 돌린다. 그러면 너무 뜨거운 물이 나와 다시 차가운 쪽으로 돌린다. 이를 반복하는 게 샤워실 바보다.

'바보들의 샤워'는 미국 경제학자이자 1976년 노벨 경제학상 수상자인 밀턴 프리드먼 교수가 만든 말이다. 작동이 된다고 효과가 즉각 나타나는 게 아니다. 레버를 돌려놓고 조금 기다려야 한다. 시간이 필요하다. 일관성과 기다릴 줄 아는 지혜가 필요하다.

필자는 강의할 때 'Never ever give up'이란 글귀가 새겨진 그림을 보여주곤 한다. 그림에는 논밭에서 먹이를 구하던 황새 한 마리가 개구리를 잡은 모습이 담겨 있다. 그런데 자세히 보면 부리 속에 갇힌 개구리가 황새의 목을 조르고 있다. 목을 조르고 있는 동안에는 제깟 황새라도 자신을 꿀꺽 삼킬 수 없다.

혹시 '960번 만의 성공'의 주인공이 누구인지 아는가? 몇 년 전 화제가 되었던 70대 차사순 할머니의 자동차 면허 도전을 두고 한 말이다. 이 할머니는 필기시험만 949회 실패했다. 인지대만 500만 원이 드는 등 총 2,000만 원을 썼다. 할머니의 사연은 뉴욕 타임즈, 로이터 통신 등을 통해 전 세계에 전파되었다. 왜 이 이야기가 화제를 모았겠는가.

미국의 일간지 〈시카고 트리뷴〉 역시 이 기사를 다루고 있다. 기자는 부모들이 자녀에게 기억시켜야 할 '집념과 끈기의 귀감'으로 차사순 할머니를 소개하며, 아이들에게 도전정신을 가르치고 싶다면 '차사순 할머니의 사진을 벽에 걸어두라!'고 강조했다.

아직도 안으로부터 동력이 생기지 않았는가? 그렇다면 다시 직장인으로서의 나를 생각해 볼 때다. 나의 일은 무엇인가? 나의 일터는 어디인가? 나는 지금 어떤 행동을 하고 있는가? 가슴이 뜨거워지도록 하나씩 질문하며 당신의 역동적 정체성을 재발견해보자.

3

시스템 사고를 하라

　요즘 직장인 사이에서 '셀프 튜닝(self tuning)' 바람이 거세게 불고 있다. 자동차를 튜닝하듯 자기 '몸값'을 올리는 직장인이 갈수록 많아지고 있다는 이야기다.
　우리는 사회에서든 기업에서든 '시스템을 구축한다.'라는 말을 많이 듣곤 한다. 전산 시스템 구축, 인력 양성 시스템 구축, 경영 시스템 구축, ERP 시스템 구축, 혁신 프로세스 시스템 구축 등 헤아릴 수 없을 정도로 시스템 구축이라는 말은 우리에게 아주 친숙하다. 그러나 정작 시스템을 구축하기 위해서는 무엇이 필요한지 아는 기획자는 그리 많지 않은 것 같다.

체계, 시스템이라는 것은 하나의 통일적 전체를 구성하는 과학적 혹은 철학적 명제의 집합으로 정의 내리기도 하고 어떤 목적을 위한 질서 있는 조직 체계 또는 필요한 기능을 실현하기 위하여 관련 요소를 법칙에 따라 조합한 집합체라고 볼 수도 있다. 간단히 생각해 보면 수영장의 '가드레일'도 시스템이라 볼 수 있다. 교통 신호 체계나 소방 관제 시스템도 이 범주에 들어간다.

일이란 입력, 과정, 출력의 절차를 따르는데 '시스템'이란 입력과 과정, 출력과 성과를 통제하는 전체적인 뼈대가 된다.

그런데 일을 잘하는 직장인들은 일을 시작하는 단계에서 먼저 '시스템'이라는 단어를 생각한다. 이번 프로젝트는 어떻게 시스템을 만들어 활용하고 효율을 낼 것인지 미리 머릿속으로 생각한다는 말이다. 그들의 사고방식을 우리는 '시스템적 사고'라고 부른다.

시스템적 사고는 성공으로 가는 지름길이다. 쉽게 되는 것은 아니지만 시스템적으로 생각하면 최단 시간 내에 최고의 효율로 전체적인 그림을 그릴 수 있다. 가령 시험공부를 할 때 문제를 하나 푸는 데도 아무 생각 없이 무턱대고 푸는 것과 차근차근 공식에 대입해 가면서 푸는 것과는 결과에서 큰 차이를 만들 듯이 말이다.

그렇다면 당신이 하는 업무를 시스템화하려면 어떤 절차를 밟아야 할까? 이 작업에서 가장 중요한 것은 인프라 구축이다. 말하자면 기본이 튼튼해야 한다. 업무의 기본에 해당하는 것들을 잘 알아야 하고 그 기본에 충실해야 한다. 이를 통해 바닥을 다진 다음 프로세스를 혁신한다. 프로세스 혁신은 업무상의 낭비를 줄이고, 보다 빠르고, 보다 쉽고, 보다 간편하게 목표를 달성할 수 있도록 도와준다. 프로세스 혁신은 기업의 경쟁력이자 개인의 경쟁력이 된다. 일 잘하는 직장인이란 지속적으로 프로세스를 혁신하는 사람들인 셈이다.

사실 하나의 업무를 시스템화하는 것이 말처럼 쉬운 일은 아니다. 가장 좋은 수단은 바로 표준 양식을 만드는 일이다. 표준화된 양식은 일을 담는 하나의 컨테이너와 다름없는데 업무를 통일화하는 유일한 방법이다. 이렇게 되면 하나의 시스템이 구축된다.

그렇다면 일상 업무를 하면서 시스템을 구축하여 자신의 것으로 만들 수 있는 방법은 무엇일까? 'PDCA' 사이클을 습관화하면 된다.

PDCA 사이클이란 계획-실행-점검-수정의 반복적인 과정을 의미한다. 일상 업무를 이 사이클에 대입하면서 차근차근 짚어 가는 훈련을 한다. 보통 직장인들은 이 기본적인 스텝을 무시하는 경우가 많은데 이 스텝을 잘 밟으면 시스템을 구축할 수 있는 좋은 습관을 가질 수 있다.

4
5천 원짜리 스프링 노트의 힘

"아는 게 힘이 아니라 아는 것을 실천하는 게 힘이다."

아웃풋이 없으면 아무 소용이 없다. 당신이 지금 하고 있는 일을 통해 부자가 되려면 다음의 과정을 밟아야 한다. 암묵지(당신이 그동안 하는 일로 배운 지식이나 경험)를 형식지(하나의 공식이라든가 이론 등)로 만들고, 그 형식지로 가치지(알고 있는 것을 특허라든가 제안 형식으로 만드는 일)를 만든다.

그러자면 가장 먼저 할 일이 있다. 아주 간단한 작업이다. 5천 원만 투자하면 된다. 시중에서 5천 원 정도의 스프링 노트를 하나 장만한다. 다음엔 그 노트 표지에 '나는 그것이 알고 싶다'라고 적는다(내가 그렇게 한다.). 그리고 1일 1서(書)를 한다. 일을 하다가 현장에서 개선하고 싶은 게 있고, 해당 아이디어가 있다면 하루에 딱 1장만 적는다.

이 작업을 10일간 지속한다. 그러면 나름 머리가 말랑말랑해진다. 작업에 익숙해지면 100일간 연장해 본다. 1일 1서(書)가 습관이 될 때까지 말이다. 아마 100일이 될 무렵 당신 입에서 '심봤다!'라는 탄성이 절로 나올 것이다. 이 기록들은 당신의 보물 상자다.

일본의 문호인 야마모토 유조가 쓴 '마음에 태양을 가져라'라는 이야기에는 실화의 주인공이 등장한다. 당시 고교생이었던 아사누마 도시오는 이즈제도의 미야케시마에 살았다. 이 섬의 옆에는 일본해구가 있었고, 늘 지진과 화산의 위험 속에 놓여 있었다. 도시오는 활화산에 관심이 많았다. 매일 학교에서 돌아오는 길에 화산에서 뿜어져 나오는 가스의 색깔과 양, 형태 등을 노트에 적었다. 학교에서 온도계를 빌려다가 온천수의 온도도 재서 기록으로 남겼다.

그러다 1951년 우물이 마르고 나무가 시들었다. 혹시 화산 활동이 시작된 건 아닌지 섬 주민들은 덜컥 공포를 느꼈다. 본토에서 지질 전문가가 날아와 화산을 답사했지만 화산 상태를 예측하기에는 너무 정보가 부족했다. 그때 고교생 도시오가 노트를 내밀었다. 지질학자는 페이지를 넘겨보다가 탄성을 질렀다. 이 기록은 화산의 상태를 합리적으로 추론할 만한 정보로 가득했다. 도시오의 기록 덕분에 섬 주민 2,700명은 안전하게 대피할 수 있었다.

하루의 기록은 아무런 값어치가 없을지 모른다. 그러나 누적된 기록은 패턴과 발전이라는 측면에서 놀라운 결과로 이어질 때가 많다.

당신 역시 자신의 기록이 보물이었음을 확인했다면 이제 1만 시간의 법칙을 적용해보자. 말콤 글래드웰은 〈아웃라이어〉에서 1만 시간의 법칙을 말했다.

"선천적 재능이란 없다. 문화가 모든 것을 결정하는 것도 아니다. 재능이나 문화만큼이나 중요한 것은 노력이다. 사람은 바뀔 수 있다."

그는 무엇이든 잘하려면 1만 시간을 투입해야 한다고 주장했다. 비틀스도 빌 게이츠도 모두 1만 시간 노력의 산물이라고 말한다.

이런 자세로 당신도 기록을 이어가 보자. 5천 원짜리 노트는 5만 원을 낳고 5만 원은 50만 원을, 50만 원은 500만 원을 낳는다. 그렇게 이어가다 보면 마치 병아리 한 마리로 소 한 마리 샀다는 얘기처럼 당신은 노트 하나로 수억 원에 달하는 아이디어를 거머쥘 수 있게 된다. 거짓말 같지만 당신이 배팅할 수 있는 것은 테마주나 아파트나 땅이 아니라 바로 당신이 하는 일이다. 일에 한 번 승부를 걸어보아라. 노트에 기록을 시작하라.

5
틈새를 찾는 사고

가끔 후배들이 조언을 구할 때가 있다. 이럴 때면 필자가 처방해주는 게 있다.

"직장인들의 성공 코드는 두 가지로 압축된다. 바로 '넘버 원(No 1)'이 되거나 아니면 '온리 원(Only 1)'이 되는 것이다."

먼저 넘버 원(No 1) 코드다. 지금 하는 일에서 1등을 차지하는 것이다. 이 전략은 쉽지 않다. 유지하기도 만만치 않다. 왜냐하면 영원한 1등은 없기 때문이다.

넘버 원 코드가 어렵다면 시각을 바꿔야 한다. 남들이 하지 않는 곳, 남들이 등한시하는 곳을 공략해서 그 분야에서 유일한 존재가 되는 것이다. 이 길은 경쟁이 심하지 않아 상대적으로 수월하다는 장점이 있다. 이 길은 큰 욕심을 내지 않고 제대로만 간다면 앞서가는 사람만이 얻을 수 있는 프리미엄이 무궁무진하다.

왜 성공한 이들은 '남들이 가지 않은 길'을 갈까? 그것은 '희소성'이 주는 매력 때문이다. 희소성이 안겨주는 부가가치가 최소한 두세 배는 높다. 또 남이 간 길을 따라 간다는 것은 재미도 없을뿐더러 성취욕도 없어서 도전에 대한 동기부여를 얻지 못할 수 있다. 부가가치도 낮다. 경쟁 또한 만만치 않다. 그래서 성공을 꿈꾸는 자들은 힘이 들더라도 자기만의 길을 가서 성공이란 열매를 딴다.

아무도 가지 않은 길을 간다는 것은 위험이 따를 수 있다. 가시밭을 걸어야 할 수도 있고, 더러는 바위가 가로막고 있을지 모른다. 강도를 만나고 큰 산도 만날 것이다. 그러나 한 고비 한 고비 넘길 수 있는 지식과 지혜, 문제 해결 능력이 있다면 그것만큼 투쟁심을 불러일으키는 분야도 없다.

남이 가지 않은 길은 어떻게 가야 할까? 틈새시장을 찾아야 한다. 모든 것엔 틈이 있기 마련이다. 이 틈새시장을 찾으려면 'Another Thinking'을 체질화해야 한다.

'Another Thinking'이란 '다른 생각'을 말한다. 다른 생각을 해야 다른 것이 보인다. 다른 사고의 소유자는 일상적이고 상식적인 시장 가운데서 틈새시장을 찾아내고 또한 그 시장에서 잘 팔리는 제품과 서비스를 만들어 낼 수 있다.

'Another Thinking'을 위한 3가지 조언이다.

첫째, '돌려 보기'를 잘해야 한다

각도로 친다면 15도쯤 돌려 본다. 그래야 틈새시장이 보일 것이고 그곳에서 소위 '히트 상품'이 나온다.

고정된 입지, 매일 보던 그 위치에서는 사물이 다르게 보일 수 없다. 성공하는 직장인의 최대 강점은 늘 있던 자리에서 내려와 높이나 각도를 바꾸며 업무를 바라본다는 점이다. 단 중심에는 효율이 있다. 효율을 중심으로 돌려 보기를 시도하면서 동시에 '하면 된다'는 신념과 열정으로 밀어붙인다. '15도 돌려 보기' 훈련은 남과 다른 행동을 불러온다.

둘째, 정반합을 응용하라

독일 철학자 헤겔은 정반합이라는 변증법을 통해 역사의 변화를 설명한다. 변증법은 사건 하나하나를 정반합이라는 큰 틀로 바라보도록 도와주며 종합적인 사고를 일깨운다. 역사와 인생에는 항상 음과 양, 정과 반이 있으며 이 둘의 결합을 통해 새로운 하나(합)가 이루어진다. 시너지 효과라는 것도 두세 배의 효과를 올리기 위한 서로 다른 두 가지의 결합이다. 모든 사물(정)에 '반'이 있음을 이해하고 이를 합할 줄 아는 능력이 남다른 생각과 행동을 이끌어낸다.

'동전의 양면을 보라'는 말도 유사하다. 문제를 접할 때 눈에 보이는 앞면만 볼 것이 아니라 문제를 뒤집어 보면서 뒷면을 추론하고 살펴볼 때 문제 해결의 실마리를 찾을 수 있고 그에 따라 행동을 결정할 수 있다.

사유의 순서를 역전시키는 방식도 사물의 이면을 보는 데 도움이 된다. 예컨대 하인리히의 법칙 '1:29:300'은 어디서 시작하느냐에 따라 두 가지 사유방식으로 나뉜다. 예컨대 1에서 시작한다면, 이 1이 되기 위해서는 29가지가 모여야 하고, 29가지는 300개의 아주 작은 것들이 모여 이루어진다고 접근할 수 있다. 연역적 사유법이다. 기업에서 'Why'를 찾을 때 적용하는 방법이다.

반대로 300까지 분할된 것들의 공통점을 찾아 29가지를 만들고 이것을 다시 하나로 만드는 방법도 가능하다. 이런 귀납적 방법은 'What'과 'How'를 찾을 때 유용하다.

뒤집어 보는 사유법은 이밖에도 여러 가지가 존재한다. 문제에 따라 적절히 방법을 구사하는 것은 당신의 몫이다.

셋째, 가공 기술을 키워라

업무에 대한 성과를 높이기 위해서는 가공 기술 능력이 필요하다. 하나의 업무를 처리하더라도 가공 기술의 수준에 따라 그 결과는 천차만별이다. 여러 부하 사원에게 동시에 한 가지 업무를 지시하면 우리는 질적, 양적으로 전혀 다른 결과물을 얻게 된다. 가공 기술의 차이 때문이다. 가공 기술은 일종의 '문제 해결 능력'이다.

6
100점 만점을 만드는 태도

 업무력을 한 단계 업그레이드하려면 어떻게 해야 할까? 가장 중요한 건 일을 대하는 방식이다.
 한 흑인 청년 청소부가 있는 대로 욕설을 퍼붓고 짜증을 부리면서 청소하고 있었다. 마틴 루터 킹 목사가 그 모습을 지켜보다가 그에게 다가갔다.
 "여보게, 자네는 하느님이 자네에게 맡기신 지구의 한 모퉁이를 쓸고 있다는 자부심을 가질 수 없나?"
 그러고는 그의 등을 두드리며 이렇게 덧붙였다고 한다.
 "청소를 할 때 베토벤이 음악을 작곡하듯, 미켈란젤로가 조각을 하듯, 괴테가 작품을 쓰듯 그렇게 하느님의 일을 하시오."

진대제 전 정보통신부 장관이 어느 조찬 간담회에서 파워 포인트를 열었다. 파워 포인트에는 외국인에게 들었다는 '인생을 100점짜리로 만들기 위한 조건을 찾는 법'이 적혀 있었다. 그 방법은 다음과 같다. 일단 알파벳 순서대로 숫자를 붙인다. A에 1을 붙이고 B에 2, C에 3, D에 4…… 이런 식으로 Z(26)까지 숫자를 붙이면 된다. 그런 다음 어떤 단어의 알파벳에 붙여진 숫자를 모두 더해 100이 되는 단어를 찾는 게임이다. 그런 뒤 장관이 말을 이었다.

"열심히 일하면 될까요? 'hard work'는 98점입니다. 일만 열심히 한다고 100점짜리 인생이 되는 건 아닙니다. 그렇다면 지식이 많으면? 'knowledge'는 96점입니다. 사랑을 한다면? 'love'는 54점입니다. 운으로 될까요? 'luck'는 47점입니다. 돈이 많으면요? 'money'는 72점입니다. 리더십은요? 'leadership'은 89점입니다. 그럼 100점짜리 단어는 뭘까요? 답은 'attitude'입니다. 인생은 '마음먹기'에 따라 100점짜리가 될 수 있습니다."

"하루를 연습하지 않으면 자신이 알고, 사흘을 연습하지 않으면 캐디가 알고, 일주일을 연습하지 않으면 갤러리가 안다."

골프 격언이다.

태도를 바꾸기 위해 '25, 8, 53' 체조를 제안한다. '25, 8, 53' 체조란 '24시간+1, 7일+1, 52주+1'을 의미한다. 즉 하루를 25시간처럼, 한 주를 8일처럼, 일 년을 53주처럼 살아가는 것이다. 딱 한 걸음만 더, 딱 한 번의 손길만 더, 딱 한 번의 살펴보기만 더해도 업무는 달라진다. 그런 사람을 우리는 업무를 대하는 태도가 다르다고 말한다.

태도에 더해 시각의 변화도 요구된다. 문제 해결을 잘하는 직장인들은 업무를 하나의 '비즈니스'로 보는 경향이 크다. 업무를 비즈니스로 본다는 말은 다음 세 가지를 의미한다.

첫째, 이들은 자신만의 독특한 시스템을 적용하여 룰을 만들어낸다. 그래야 종속 관계를 벗어나 주도적으로 업무를 실행할 수 있기 때문이다.

둘째, 강력한 엔진체인 자가발전소를 가지고 있다. 이들은 자기 내면에서 흘러넘치는 에너지를 느끼고 있다.

셋째, 목표 의식이 있다. 목표가 뚜렷하다 보니 내면에서 나오는 열정의 에너지를 어떤 방향으로 써야 효율적인지 가려낼 수 있다.

7
매듭을 지어야 올라간다

　필자 지인인 어느 칼럼니스트 이야기다. 그는 칼럼을 쓰는 일이 주된 업인데 번외로 1년에 300여회가 넘는 강의를 소화하고 방송에도 출연한다. 쉴 틈이 없는 사람이다. 그런 와중에도 그는 1년에 두 권의 책을 집필한다. 가끔 주변 사람들은 그의 부지런함을 보고 놀란다고 한다. 그의 놀라운 생산성에는 비법이 하나 있다. 바로 모든 일에 매듭짓기다.

　성공하는 직장인들은 매듭짓기를 잘한다. 마치 대나무가 마디에 매듭을 지어놓은 까닭에 하늘 높이 솟는 것처럼 말이다.

　그가 매듭을 짓는 단위는 1년에 최소 1~2회다. 책이 그에게는 매듭의 역할을 한다. 한 해 동안 열심히 뛰어온 자신의 활동을 정리하는 차원에서 그는 책이라는 연중 매듭을 짓는다. 성공하는 직장인들 역시 매듭이 가진 힘을 알고 있다.

특히 업무 가운데 늘 반복되는 것은 중간에 의식적으로 정리하지 않으면 데이터가 쌓여서 오래된 컴퓨터처럼 처리 속도가 느려지거나 불필요한 잡무가 되기 십상이다. 업무 흐름을 원활히 만들기 위해서는 '남길 것'과 '가지고 갈 것'을 정리하는 끊는 기술이 필요하다. 이때 당신에게 매듭짓기 습관이 있다면 매일 반복되는 업무에서도 나름대로 방향성을 잡고 가볍게 나아갈 수가 있어 일 자체가 재미있어진다.

그렇다면 내 업무의 매듭을 잘 지으려면 어떤 전략이 필요할까? 우선 매듭짓기를 잘하려면 다음의 〈답(踏)-화(畵)-절(切)〉 3박자를 잘 맞춰야 한다. 〈답(踏)-화(畵)-절(切)〉은 '밟기', '그리기', '자르기'를 말한다.

첫째, 踏! 스텝을 잘 밟아라

매듭짓기를 잘하려면 '천리 길도 한 걸음부터!' 혹은 'Step By Step' 전략을 구사해야 한다. 계단을 밟아 한 단계씩 올라가기다. 이것은 '사다리 이론'과도 같은데 간격이 먼 사다리는 밟고 오르기 힘들지만 간격이 적당한 사다리는 오르기도 편하고 사용하기도 편하다.

둘째, 畵! 계층도를 그려라

조감도를 그리는 작업이다. 매듭을 짓기 위해서는 매듭의 기준을 정할 필요가 있다. 이를 위해 수직과 수평 차원에서 어느 수준까지인지 스스로 기준을 잡는다. 대개의 직장인은 지시에 따라 업무를 진행하거나 기본업무 중심으로 일을 추진하기 때문에 방향성을 놓치고, 과정을 평가하지 못하는 경우가 많다. 용 그림을 다 그리고 점 하나를 못 찍어 지렁이를 만드는 이유다. 이를 예방하기 위해 업무의 수평적 성과, 횡적 전개 상태라든가 아니면 수직적 성과 등을 점검하는 노력을 게을리 해서는 안 된다. 이를 '계층도'라고 부르는데 편하게 나열하듯 그리면 양과 질적 차원에서 성장이 있는지 한눈에 알 수 있다.

셋째, 切! 끊어라

마디와 매듭에 있어서 중요한 기술 중 하나가 '끊는 기술'이다. 적시에 끊어 내질 못하면 뒷다리를 잡혀 앞으로 나가지 못하거나 추진력을 잃게 된다. 그래서 제때에 산출물을 내기 위해 끊기가 필요하다. 주식 투자 전략에 '어깨에서 팔고 무릎에서 사라'라는 말이 있듯이 일의 성과를 내는 데 중요한 과정 중 하나다.

8
혁신의 친구, 메모로지

"하루 중 아이디어가 가장 잘 떠오르는 시간은 언제일까?"

이 문제의 정답은 이 글 중간에 소개하겠다. 필자가 긴장하며 경계하는 사람들이 있다. 뭔가를 철두철미하게 기록하고 메모하는 데 열정을 보이는 이들이다. 메모하는 습관을 가진 이들은 대개 한 분야에서 전문가 소리를 듣거나 아니면 부단히 발전 중인 사람일 가능성이 높기 때문이다.

수년 전 고졸 출신인 한 생산직 사원이 대기업 공장장에 선임되어 화제가 된 적이 있다. 주인공은 포스코 광양공장 제1열연공장장 임채식 상무다. 그에겐 남다른 습관이 있었는데 메모 습관이 있었다. 그는 현장에서 일어나는 모든 일과 아이디어를 기록한다.

임 상무가 30여 년간 근무하며 만든 현장 노트는 100권이 넘는다. 그는 노트에 자신의 생각이나 체험, 아이디어를 적었다. 물론 적는 게 끝이라면 곤란하다. 그는 메모를 바탕으로 '보다 나은 내일'을 만들었다.

임 상무처럼 아이디어를 잘 내는 사람들의 공통점을 보면 이들은 하나같이 메모광이었다. 필자가 아는 기업 CEO들 중에도 소문난 메모광이 있다. 그들은 집과 사무실을 가리지 않고 메모한다. 신문이나 TV를 보다가도 볼펜을 꺼내든다. 달리는 차 안에서도, 대화 중에도 아이디어가 떠오르면 종이를 찾는다. 메모에 미친 사람들이다.

에디슨은 84세로 타계하기까지 평생 1,902건의 특허를 냈다. 시간으로 따지면 한 달에 한 건 꼴로 발명품을 만들어낸 셈이다. 그런데 그의 연구실에는 아직 특허로 이어지지 않은 3,500가지의 메모가 있었다고 한다. 그는 발명왕이 되기 전 이미 메모광이었다.

링컨 대통령 역시 메모광이었다. 그는 모자 속에 종이와 연필을 넣고 다니다가 중요한 생각이 떠오르거나 귀담아 들을 만한 이야기를 들으면 즉석에서 기록했다. 이런 습관 덕분에 정규 교육을 제대로 마치지 못한 그가 미국에서 가장 존경받는 대통령 중 한 명이 될 수 있었다.

'한글과 컴퓨터'의 사장을 지냈던 이찬진 역시 메모 습관으로 유명하다. 그는 샤워하다가 번뜩 스쳐 가는 아이디어를 잡기 위해 화장실 거울에 메모를 할 정도다. 메모지가 없을 때는 담배 곽에도 글을 적었다. 베르나르 베르베르는 꿈을 메모하는 소설가로 잘 알려져 있다. 그는 아침에 일어나면 전날 밤 꾼 꿈을 기억나는 데까지 적는다. 미 버지니아공대 로봇학자 데니스 홍 교수는 침대 곁에 늘 공책과 연필이 놓여 있다.

성공한 이들이 메모에 집착하는 이유는 무엇일까? 5개의 별난 안경을 얻을 수 있기 때문이다.

첫째, 다가올 미래를 잘 볼 수 있는 '망원경'이다.

둘째, 현재의 상황을 남보다 잘 볼 수 있는 '쌍안경'이다.

셋째, 과거를 도약의 발판으로 삼을 수 있는 '백미러'이다.

넷째, 자신의 경쟁자를 잘 볼 수 있는 '사이드 미러'이다.

다섯째, 자신의 단점을 잘 볼 수 있는 '돋보기'다.

인생이란 바다에서 성공이라는 대어를 낚으려면 일상을 남들과 똑같이 보아서는 안 된다.

자 이쯤에서 앞서낸 문제의 정답을 소개한다. "하루 중 아이디어가 가장 잘 떠오르는 시간은 언제일까?"

10위 _ 육체노동을 할 때

9위 _ 교회 설교를 듣고 있을 때

8위 _ 자다가 한밤중에 일어났을 때

7위 _ 운동을 할 때

6위 _ 한가로이 책을 읽을 때

5위 _ 따분한 회의 중에

4위 _ 잠이 들려고 하거나 잠에서 깰 때

3위 _ 출근하는 길에

2위 _ 샤워나 면도를 할 때

1위 _ 화장실에 앉아 있을 때

정답을 보면서 무슨 생각이 드는가? 업무에 집중하고 있을 때를 제외하고는 언제든 아이디어는 떠오를 수 있다는 말이다. 그래서 메모광들은 시간과 장소를 가리지 않고 종이와 펜을 늘 지참하고 다닌다.

우리는 조금 달리 해보자. 메모지와 펜을 들고 다니지 말고 '기록할 수 있는 수단'을 내가 다니는 곳에 미리 두는 식으로 문제를 해결해 보자. 필자가 고안한 '메모로지(Memology)10'을 소개한다.

첫째, 침실이나 식탁 위에 메모지를 준비한다. 둘째, 샤워장에 유성 펜을 마련해 놓는다. 셋째, 자동차 운전대 서랍에 녹음기를 넣고 다닌다. 넷째, 주머니에 작은 메모지를 넣고 다니거나 작은 수첩을 갖고 다닌다. 다섯째, 아이디어 핵심 내용을 그림으로 그려두는 기억법을 이용한다. 여섯째, 메시지를 기록해두기 위해 전화응답기에 전화를 건다. 일곱째, 팔목에 적어둔다. 여덟째, 펜이나 연필을 잊지 않는다. 아홉째, 간혹 잊어버리는 경우 창의력을 발휘해 자동차 계기판의 먼지를 이용하거나 목욕탕 거울의 김을 이용하거나 바닷가 모래를 이용한다. 열째, 'Just Do It'이 아니라 'Just Memo It'을 실천한다.

독서교육전문가 문성준은 직업에 걸맞게 일단 책을 사면 포스트잇을 표지 안쪽에 붙여둔다. 그랬다가 책을 읽으면서 기억하고 싶은 내용이 나오면 인덱스처럼 붙여두거나 혹은 발췌 기록을 하거나 아이디어를 적는다.

"빈 메모지를 한가득 붙여 놓는 행위는 독서를 하기 전 빼놓아서는 안 될 의식이자 준비운동이다."

메모지가 있다는 사실을 인지하는 순간 사람은 자연스럽게 적어야 할 내용을 생각해 보기도 한다. 일종의 메모 노예 같지만 그렇게 해서라도 메모할 거리를 생각하는 습관은 중요하다.

"200원 짜리 몽당연필이 IQ 200보다 낫습니다. 그래서 메모를 합니다."

고 김대중 대통령의 말이다. 예전 말로 치면 둔필승총(鈍筆勝聰)이다. 둔한 필기가 총명한 머리를 이긴다. 메모는 미래의 나와 만나는 시간이다. 어제의 친구와 노느라 시간을 허비할 바에는 내일의 나와 미리 만나서 놀아보자. 메모는 혁신의 진정한 친구다.

2
'주식회사(主識會思) 나'를 만들어라

필자가 선호하는 강의 주제들을 하나의 키워드로 바꾸면 '주인의식' 함양이다. 구성원들에게 전달하고 싶은 이야기가 일에 대한 자세, 즉 의식을 바꿔 달라는 것이다. 그 핵심을 파고들어가 보면 주인의식과 만난다.

참가자들에게 반드시 던지는 질문이 있다.

"당신은 누구를 위해 일을 하십니까?"

이 질문에 당신은 뭐라고 답을 하겠는가? 회사를 위해서? 가정을 위해서? 이런 말이 있다. "연극이 끝나면 관객은 외투부터 챙기고, 주인은 빗자루를 찾는다."

역사가 120년에 이르는 일본의 한 호텔 이야기다. 이 호텔에는 도어맨이 있다. 그래서 호텔에 차가 들어오면 여느 호텔처럼 승용차 문을 열어준다. 이 경력 7년차인 이 호텔의 도어맨은 주요 손님을 맞이할 때 "김철수 사장님! 어서 오십시오!"라면서 이름과 직함을 함께 부른다. 이 도어맨이 기억하는 손님은 무려 300여명이 넘는다. 더욱이 이 호텔에는 손님 1만 명의 얼굴을 기억하는 도어맨도 있다고 한다.

이뿐이 아니다. 이 호텔 서비스는 남다르다. 손님이 체크아웃 한 뒤에도 객실에서 나온 쓰레기를 하루 이상 보관한다. 혹시라도 손님이 깜박하고 잘못 버린 메모지라도 있으면 안 된다고 생각하기 때문이다. 호텔 바에서 일하는 바텐더는 술잔을 리필할 때 고객이 원래 놓았던 글라스의 위치를 정확히 기억해 똑같은 자리에 놓을 정도로 고객을 신경 쓴다. 사소한 것이지만 그곳에 진심을 담아 서비스를 하면 이야기가 달라지는 것이다.

'서비스 정신, 서비스 정신' 하는데 그 본질은 주인의식이다. 주인은 누구를 위해 일을 할까? 당신 역시 "지금 누구를 위해서 일을 하십니까?"라는 질문에 대해서 한 번쯤 마음 속 깊이 생각해 보았으면 싶다.

그렇다면 주인의식을 배양할 수 있는 노하우는 없을까? 〈주식회사(主識會思) 나〉 만들기다.

첫째, 주(主)다

'I=Job'을 생각하라. 나 자신이 그 직업이라는 생각이다. 마지못해 일을 하다 보니 나를 일과 동일시하는 사람이 드물다. 내 일이라는 생각이 없으니 일에서 흥을 만들어낼 수 없다. 주인의식은 누가 만들어 주는 게 아니라 자신이 만들어 가는 것이다.

둘째, 식(識)이다

'I=First'를 세팅하라. 지금 하는 일이 '내가 국내 최초, 나아가 아시아 최초, 세계 최초'라고 생각한다. 이렇게 하면 일에 대한 자세나 생각이 달라진다. 자신이 하는 일, 즉 업(業)을 업(Up)으로 만드는 사람만이 성공이란 열매를 만들어 간다. 자부심은 이런 자세에서 솟아나온다.

셋째, 회(會)다

'I=Hear', 즉 듣기다. 일터란 문자 그대로 사람이 일 때문에 모여 있는 곳이다. 즉 기업은 사람이나 다름없다. 나 혼자 북 치고 장구 치는 시대는 갔다. 이젠 협업의 시대다. 그러자면 어떤 모임에 가든지 어떤 모임에서 일을 하든지 '말하는 사람'보다 '듣는 사람'이 되라. 말의 주도권을 놓지 않으려는 이들이 있다. 말은 할 수 있지만 듣지는 못한다고 여기는 사람들이 있다. 그러나 모든 말하기는 듣기에서 시작한다.

넷째, 사(思)다

'I=Best'를 실천하라. 이왕 하는 일이라면 최고는 아니더라도 최선을 다한다. 우리네 속담에 '지성이면 감천이다.'란 말이 있다. 자신이 하는 일에 '최선'을 담으면 그것이 나중엔 '최고'가 된다. 최선 없이 최고도 없다.

다시 질문으로 돌아가 보자.

"지금 하는 일은 누구를 위해서 하십니까?" 일이 힘들다고 소주나 담배에 기대지 말자. 일이 힘든 이유는 육체적 피로감보다는 이 질문에 답변이 제대로 이루어지지 않았기 때문이다. 아니, 질문을 조금 바꾸어 볼까? 주인은 누구를 위해서 일하는가?

혁신하는 독종만 살아남는다
혁자병법(革者兵法)

초판 1쇄 발행 | 2018년 10월 21일

지은이 이득우
펴낸곳 티핑포인트
펴낸이 김요형, 최철호

편　집 권병두
디자인 엔드디자인
종　이 (주)이지포스트
인　쇄 미래피앤피

출판등록 2011년 5월 13일 제25100-2011-000007호
주소 인천시 계양구 장기동 146-2 골든파크빌 102호 401호
전화 010-9036-4341
ⓒ 이득우, 2018

ISBN 979-11-85446-48-6 03320

* 저작권법에 의하여 한국 내에서 보호를 받는 저작물이므로 무단전재와 무단복제를 금지합니다.
* 잘못된 책이나 파손된 책은 구입하신 서점에서 교환해 드립니다.